中国旅游发展年度报告书系
Annual Development Report of China's Tourism

中国旅行服务业发展报告2019

致敬传统 创新未来

CHINA TRAVEL SERVICE INDUSTRY DEVELOPMENT REPORT 2019

中国旅游研究院

北京·旅游教育出版社

责任编辑：贾东丽

图书在版编目（CIP）数据

中国旅行服务业发展报告 ：致敬传统 创新未来. 2019 / 中国旅游研究院著. -- 北京 ：旅游教育出版社，2020.1

ISBN 978-7-5637-4046-8

Ⅰ. ①中… Ⅱ. ①中… Ⅲ. ①旅游服务－产业发展－研究报告－中国－2019 Ⅳ. ①F592.6

中国版本图书馆CIP数据核字(2019)第287511号

中国旅行服务业发展报告2019

致敬传统 创新未来

中国旅游研究院 著

出版单位	旅游教育出版社
地　　址	北京市朝阳区定福庄南里 1 号
邮　　编	100024
发行电话	（010）65778403　65728372　65767462（传真）
本社网址	www.tepcb.com
E - mail	tepfx@163.com
排版单位	北京旅教文化传播有限公司
印刷单位	北京中科印刷有限公司
经销单位	新华书店
开　　本	787 毫米 ×1092 毫米　1/16
印　　张	5.25
字　　数	68 千字
版　　次	2020 年 1 月第 1 版
印　　次	2020 年 1 月第 1 次印刷
定　　价	66.00 元

（图书如有装订差错请与发行部联系）

《中国旅行服务业发展报告 2019》
编写组

主　　编：张　扬　中国旅游研究院产业研究所副教授

执行主编：辛安娜　中国旅游研究院博士后

柴　焰　中国旅游研究院访问学者

编写组成员：杨宏浩　赵一静　刘祥艳　韩晋芳

序　言

无论是托马斯·库克这个百年老店的破产，还是凯撒旅游创始团队重获公司实控权，近期与旅行社有关的新闻很多。如果这些事情发生在三十年前，那一定是整个旅游业都要讨论甚至要写入《中国旅游年鉴》的大事。那个年代，旅行社就是旅游业，旅游业就是旅行社，在国家机构和社会各界的心目中，两者本就是一而二,二而一的存在。而今，这些新闻只是在旅行社业者的朋友圈里议论几天，也就散了。至于酒店、景区、车船、航空、教育、传媒等构成的旅游圈呢，津津乐道的仍然是旅发大会、投资并购、文旅融合、大数据与人工智能之类的大词。我们认为天大的事情，在所谓的文旅圈子里也许只是茶杯里的风暴吧。有人由此感慨，旅行社不再是旅游的舞台中心已经很久了。有人以标题党惯用的语气说，旅行社已经死亡。更多的人则努力在理论和实践两个方面追问，传统旅行社还有没有未来？如果有，在哪里？如何去？

旅行社的未来在180年的发展历史中，也在“游客至上、服务至诚”的传统里。正是托马斯·库克先生1841年发起的火车禁酒之旅，以及随后成立的同名旅行社，才使得自古有之、自发的、个别的旅游活动演化成为大众的、市场的、专业的旅游产业。陈光甫先生1921年创立的上海商业储蓄银行旅行部，更是将服务国民旅行发挥到极致，连游客在转车过程中的行李接送都进入了标准化作业程序。改革开放后，旅行社的规模扩张和市场化改革为我国入境旅游的黄金十年奠定了坚实基础。这一时期以“国中青”为代表的旅行社，由外事接待转向市场化运营，定义并诠释了国家级水准的旅行服务与接待标准，成为行业标杆。大众旅游的兴起，为旅行社产业的规模扩张和高速发展带来了全新机遇。1999年“国庆黄金周”有力释放国民旅游需求的同时，也引发国家、地方、集体、个人和外资“五个一起上”大办旅行社的高潮，而以互联网为代表的新科技曾让传统旅游业面临过生死存亡的挑战。在咄咄逼人的OTA面前，旅行社曾经无数次被追问，“to be，or not to be ？（生存还是死亡？）”。结果呢？旅行社数量从当年的 9000 家发展至今天的近 3.8 万家，而提问者却一茬接一茬地离场，或者进入线下的门店。根本原因就在于人民群众需要旅行服务，旅游者在网上查信息、做预订、反馈和分享，最终还是要回到商务、政务、休闲生活的具体场景中来。只要旅行社的根在客源地和目的地生活场景中越扎越深，坚持为游客提供个性化、有温度的旅行服务，真正建立起与游客的情感连接，就会永远立于不败之地。春秋、广之旅这样的综合大社如此，上海老城隍庙这样的专业社也是如此。

旅行社的未来在国家旅游发展战略中，还在人民对美好旅游生活的追求里。习近平总书记近日在河南考察调研时指出，“一定要把我国制造业搞上去，把实体经济搞上去”。在大众旅游的初级阶段，不能搞去实体化策略，旅行社、酒店、景区、交通基础设施一个都不能少。事实证明，旅行社是旅游经济运行的主要引导力量，也是国家旅游发展战略可以依靠，也必须依靠的实体经济。从国际旅游产业发展来看，德国途易、日本交通公社、美国运通等旅行服务集团一直都是世界旅游强国的重要标志，也是各国各地区产业政策的重点领域。这些大型旅行社与所在国家旅游业共同成长，并日渐影响全球旅游业的战略格局。从大众旅游到全域旅游，再到文旅融合，每年 60 多亿人次的海内外游客，没有旅行社的服务支撑和专业组织，是不可想象的。无论需求如何变化，信息渠道如何多元，游客对品质化旅行服务的需求始终存在，在全球更大范围内的自由行走也将越来越依赖旅行社的专业服务。从戏剧场到菜市场的主客共享生活空间，从 C919 大飞机到哈啰单车，从米其林餐厅到“苍蝇馆子”，从购物退税到安全保障，游客与目的地的接触界面越多，对美好生活追求越多，就越离不开传统旅行社的服务。希望同志们不要讳言自己是传统旅行社，传统意味着历史悠久的经典，意味着对美好生活的传承与坚守，意味着人间烟火的温暖与家长里短的关爱。

旅行社的未来在日趋活跃的创业实践中，更在业者生生不息的市场创新里。当且仅当企业家、专业技术人员、职业经理人员和所有旅行社从业人员有信心，才能让传统旅行社的可持续发展拥有可靠的保障。正如《国际歌》所唱，“这个世界从来就没有救世主，也没有神仙皇帝”。今年的热映动画大片《哪吒》的主人公也说，“我命由我不由天”。根植于日益深厚的需求土壤，经历了资本市场的冲击和新业态的洗礼，传统旅行社正不断革故鼎新，在文化、科技和旅游融合发展的新时代主动寻找自己的位置。

我已经看见旅行社业务正在从传统跟团游转向以定制游、亲子游、老年游、深度游为代表的“新跟团”。作为包价旅行服务提供主体，团队游是传统旅行社的重要领地。近年来团队游比例的下降经常成为专家学者判断传统旅行社衰亡的直观依据，却没有看到这只是反映了团队游产品与游客需求升级的错位，不代表着团队出游形式的过时，更不代表着游客不需要旅行服务，凡事都能自己来。在定制旅游、研学旅游、老年旅游、亲子旅游等快速崛起的细分市场中，游客需要的是更专业的旅行服务，团队游仍然是国民大众主要的出行方式。也会有越来越多的游客跟着黄晓明去游遍世界的中餐厅，跟着闺蜜去游迪拜，跟着“说好不哭”的周杰伦去品尝东京的别样奶茶。事实上，私家团、精致小团、目的地参团、品质团、定制团等一系列创新的“新跟团”产品已经导入旅行服务市场且日渐流行。

我已经看见旅行社在资源掌控方面正在从传统地接，升级到当地玩乐的定制生产的“新地接”。作为集成目的地资源的地接社，也正在突破“来料加工被委托”的传统模式，转向“主动出击打品牌”。面对当代游客分层、分众、个性和碎片的非标准化需求，对市场和资源两端均有深刻理解的旅行社，通过对车辆、导游、餐馆、商场、度假村等“胜负手”资源的掌控，加上对小众化的日常生活场景的理解，直接介入产品研发和服务优化环节，重塑旅游价值链的供应商关系，甚至会重构旅游生态圈。那些控制了稀缺的应季食材、小批量的红酒和雪茄、游艇码头和文化演出的旅行社，则会通过合理的要素组合和服务增值，借助资本和品牌的力量，为市场提供多元化的产品、灵活的价格和创新的营销策略，进而实现与目的地的有机共生。

我已经看见旅行社的营销模式正在从传统服务链条的下游，走向科技和文创营造生活场景的“新零售”。在出游方式多元化、内容需求碎片化、决策时间缩短化的趋势下，从资源端到客源端中间的传统批零体系正受到挑战，因其链条长、反馈慢而制约了对需求的响应速度和创新能力。在定制游、小包价、碎片化预订等趋势的驱动下，传统旅行服务链正向着更短、更智能、更柔性的“新零售”模式转变。互联网技术的去中介化仍然在主导旅游业的变革，在全球“直客浪潮”的影响下，无论批发商、组团社、地接社都有更强的动力去直连游客，并且在获客成本不断攀升的竞争中，学会从简单“获得顾客”到全面“运营顾客”。

我已经看见行业协会的努力，配合政府主管部门开展线上与线下并重，约束与激励兼容的“新治理”。旅行社行业的发展需要健康的市场秩序和良性的营商环境，以往主要是行政主管部门发放许可证、制订标准和强化监管，现在行业协会也在创新组织形式，积极探索新型行业自律模式。在经历了零负团费的价格战，以及资本的攻城略地和互联网的高歌猛进等一轮又一轮的冲击后，旅行服务的需求与供给都在逐渐回归其应有的商业理性。头部企业开始探索如何从自身做起，通过发布企业标准、制度建设等方式，改善自身所处的微观生态圈，进而优化全行业的生态环境，并尝试搭建市场化的同业组织，形成与既有协会相互补充的新型治理模式。

希望通过我们的努力，在文化和旅游系统进一步统筹重视旅行社，为旅行社营造鼓劲加油的发展氛围。多年以来，从旅游投资、分等定级到全域旅游，我们多强调政府体系的作用，强调自上而下的动员。就是抓市场主体，也是抓旅游小镇、主题公园、旅游景区、旅游厕所等看得见、摸得着的项目，有意无意忽略了分散而灵活、小型而有活力、牵一发而动全局的旅行社业态，甚至将旅行社看成可有可无的存在。从《旅行社管理条例》的修订，到一场接一场的市场整治行动，旅行社似乎成了旅游服务质量的“背锅侠”，从业人员的政治地位和社会声誉日渐下降。政府对旅行社的行业治理要加大专题调研的力度，走进各类旅行社企业，倾听一线业者的声音，了解他们的需求与痛点。旅行社如何重新成为旅游业高质量发展的火车头，应纳入“十四五”文化和旅游融合发展规划中统筹研究，召开旅行社创新发展专题会议，促进产学研结合，实实在在地推动产业创新。

希望通过我们的努力，推动政府主管部门改革旅行社管理体制，进一步优化有利于旅行社创新发展的顶层设计。作为连接交通、住宿、景区、餐饮、购物等单点资源的旅行社，本身就是在链条式的动态环境中为游客提供整合服务，在服务难度上比单体经营者要高，面临的不确定性和风险也更大。根据《旅游法》和《旅行社管理条例》，无论是由于酒店、车辆、导游等任何履约辅助方的原因而造成的伤害和损失，旅行社都是第一责任承担人。作为直接面向游客的服务界面，游客也养成了在遇到问题时第一时间找旅行社，问题不能得到解决时直接投诉旅行社的习惯，造成了旅行社被投诉比例的常年高企。为此，我们建议在广泛征求行业意见的基础上，适时修订《旅游法》《旅行社管理条例》《旅行社责任保险管理办法》《导游管理办法》等法律法规，积极探讨旅行社资质准入、质量保证金、旅行社责任险、导游自由执业、外资旅行社准入等业界广泛关注的问题，以制度建设引导鼓励小微型企业发展，以创新性思路升级迭代原有制度设计，减轻企业压力，打造良性竞争的营商环境。

希望通过我们的努力，推动旅行社协会改革创新，持续提升产业影响力和社会话语权，引导传统旅行社不忘服务初心、牢记发展使命，共创旅行服务产业的新辉煌。行业协会的改革还在摸索中，官方和民间的平台搭建了不少，但是内生动力、外在影响力和产业话语权并没有明显提升。协会与政府脱钩表明已迈出了市场化改革的第一步，作为行业代言人，如何能够真正发挥协会的积极作用，理顺政府、市场与社会三者关系，真正为企业服务，解决切实问题，规范企业行为，带领行业自治自理自律发展还有很长的路要走。党的十八大提出“加快形成政社分开、权责明确、依法自治的现代社会组织体制”，明确了改革发展新的体制目标。行业协会要进一步适应市场环境，打通民选民办民治的制度路径和功能的市场化、民间化回归，切实解决行业痛点，实现符合现代社会组织特征和治理规范的自治管理、自律发展。

希望通过我们的努力，推动大型旅游集团和一线企业在旅行社未来发展战略中切实起到示范和引领作用。金融资本、产业资本、互联网和创业潮催生了在线旅游代理商的繁荣发展，一方面对旅行社的传统业务形成竞争，另一方面也拓展了旅行服务的新空间。大型旅游集团是整个行业的引领者和风向标，也是链接行业众多中小主体的关键节点。根据中国旅游研究院十年满意度监测数据来看，旅行社服务质量虽然已达到76.12分的满意水平，但仍然有较大提升空间。旅行社要重新成为旅游业高质量发展的火车头，需要中国旅游集团、携程、中青旅、广之旅、春秋、凯撒、众信、途牛、同程等市场领导者主动作为与积极担当，特别是在产品创新、服务质量提升、标准制定、产业转型、行业治理等方面发挥更大的引领作用。可以投入更多的资源到入境旅游市场中去，在规模、品质和绩效方面有实质性突破，与国家新时期旅游发展战略相向而行，涌现出更多国际化成长的百强旅行社。

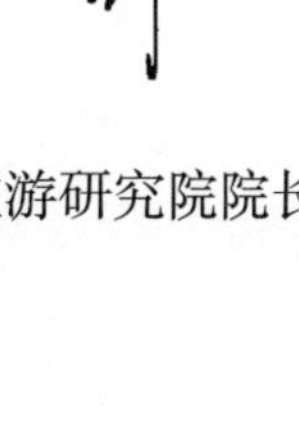

中国旅游研究院院长

目 录

CONTENTS

第一章

不断变化的游客需求与始终被需要的旅行服务

国民旅游市场在过去的15年中始终保持2位数增长，旅游正从原来少数人的权利变成多数人消费得起的选项，加速走入更多老百姓的日常生活，成为人民群众生活水平提高的重要指标。2018年，我国国内旅游人数已经达到55亿人次，出境旅游超过1.5亿人次，国民平均出游3.7次，并在2019年突破4次，达到发达国家门槛水平。

在总量不断增长的同时，市场需求的结构在多方面呈现出前所未有的、分层叠加的复杂状态。然而，无论旅游消费需求如何变化，游客对品质化旅行服务的需求始终存在，游客在全球更大范围内的自由行走也将越来越依赖旅行服务商的专业服务。随着获客范围的全网化、信息获取便利性的不断提高，以及对旅行体验的品质化要求，服务质量与创新将成为市场日益关注的焦点，也将成为旅行服务业的重点领域，它直接决定了游客的出游满意度，也是旅游业品质提升和高质量发展的重要保障。

一、需求总量增长，服务供给加大

1. 总量增长走向理性区间，原生内容刺激旅游需求

（1）国内旅游市场

受益于文旅融合、居民可支配收入与旅游意识的持续提高、假日制度安排等利好因素的驱动，国内旅游市场持续增温。2018年，国内旅游人数达55.39亿人次，同比增长10.8%，国内旅游收入超过5.13万亿元，比上年同期增长12.3%，保持了15年来的2位数增长态势。从2011年以来的发展趋势来看，国内旅游接待规模年均增长约为13.7%，旅游收入年均增长率约为20.7%。

在基数持续增长趋势下，市场总量增长速度正走向理性区间，假日旅游市场仍然表现强劲。2019年上半年，预计国内旅游30.8亿人次，国内旅游收入2.78万亿元，同比分别增长8.8%和13.5%；春节、清明、五一、端午期间，国内旅游总人数分别同比增长7.6%、10.9%、14.7%、7.7%，国内旅游收入分别同比增长8.2%、13.7%、16.1%、8.6%。

总体来看，国内旅游市场呈现两大特征：一是观光游览仍然是国内居民的主要出游动机；二是休闲度假人均花费增长较快，且文化休闲需求日渐凸显。从区域旅游发展趋势来看，东中西三大区域间的差距，无论在累计潜在出游力还是在旅游产业综合发展水平方面均呈现出明显的收敛趋势，区域均衡化格局

逐渐显现。

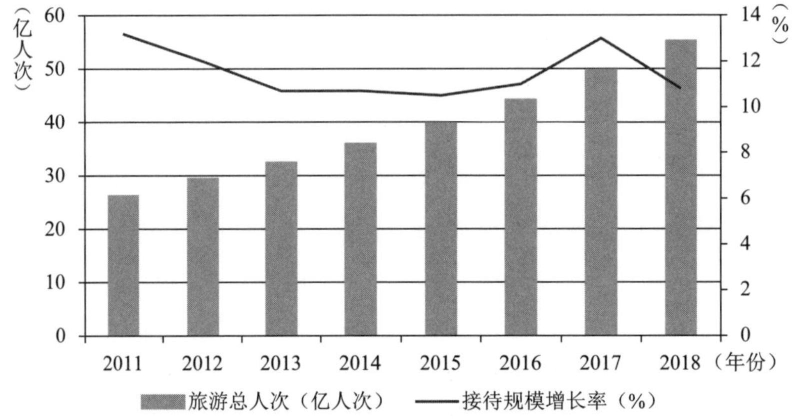

图 1-1　2011—2018 年国内旅游人次及增长率

（2）出境旅游市场

受“一带一路”倡议、亚洲文明对话等主场外交，以及签证便利化、国际航线增加等影响，出境旅游市场稳步增长。2018 年，出境旅游人数 14 972 万人次，同比增长 14.7%。我国出境游客境外消费超过 1300 亿美元，增速超过 13%。2019 年上半年，出境旅游人数 8129 万人次，比上年同期增长 14%。中国依旧领跑全球出境旅游市场，继续保持世界第一大出境客源国的地位。

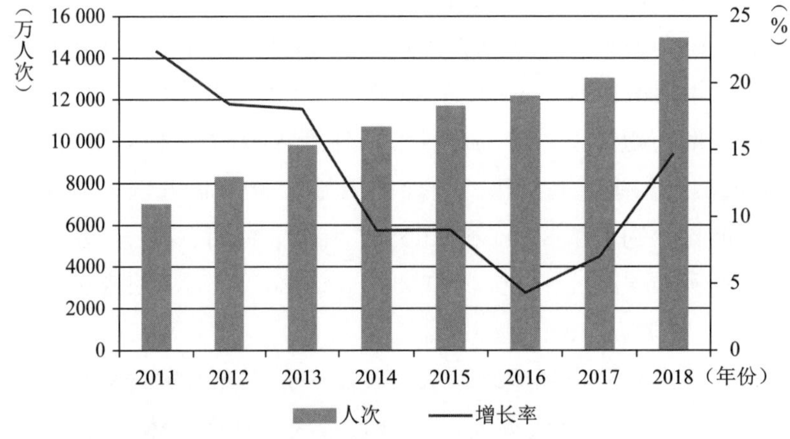

图 1-2　2011—2018 年出境人次与增长率

2018 年中国出境旅游呈现大且升、稳又变的状态。巨大的市场规模与稳定结构并存，旅游目的地呈现小特征轮动和满意度持续提升的趋势。出境市场的稳定性主要体现在目的地流向和分布结构上。在总体稳定的结构下，出境目的地、客源地、出境市场和商业模式创新等方面持续出现“小特征”嬗变。这种变化既受市场需求的牵引，也有产业求强创新而带来的主动变化。从总体上看，中国出境目的地表现出“大热带、小热点”“热带稳定、热点活跃”等特征。

国民出境旅游的主要目的地国家和地区仍集中在亚洲，同时欧洲市场亮点频现。2018 年赴欧洲人数超过 600 万人次，中国主要旅游目的地国家 TOP20 中欧洲国家占 1/4，其中在包含“一带一路”国家最多的东欧地区，出境人数占比整个欧洲最高，达到 36%，增速最快超过 20%。2019 年上半年赴欧洲人数达到 300 万人次，增长 7.4%。

（3）入境旅游市场

进入 21 世纪，我国入境旅游虽然增速放缓，但整体依然保持稳步增长态势。2015 年以来，入境旅游由此前连续 3 年的负增长转向正增长，此后 4 年以来连续保持小幅增长。随着全域旅游、文旅融合的进一步推进，中国入境旅游市场的上升趋势进一步稳固，主要客源地入境市场平稳增长。

2018 年入境旅游总人数 14 120 万人次，同比增长 1.2%，国际旅游收入总额 1271 亿元，比上年同期增长 3.0%。2019 年上半年，预计入境旅游 7269 万人次，国际旅游收入 649 亿美元，同比都分别增长 5%。与此同时，入境过夜游客和外国人入境市场规模同样保持稳步扩大。2018 年，我国接待入境过夜游客人次 6290 万，其中外国入境游客 3054 万，分别增长 3.6% 和 4.7%，明显高于入境旅游总人次的增速。

整体来看，过去近 20 年里，外国人入境旅游市场占比同样保持稳步上升，从 2000 年的 12.2% 增加到 2018 年的 21.6%，提升了 9 个百分点。2018 年我国入境过夜游客的占比为 44.5%，相比 2000 年提高 7 个百分点。无论从入境过夜游客占比还是从外国人入境游客占比来看，我国入境旅游市场的结构均在不断优化。

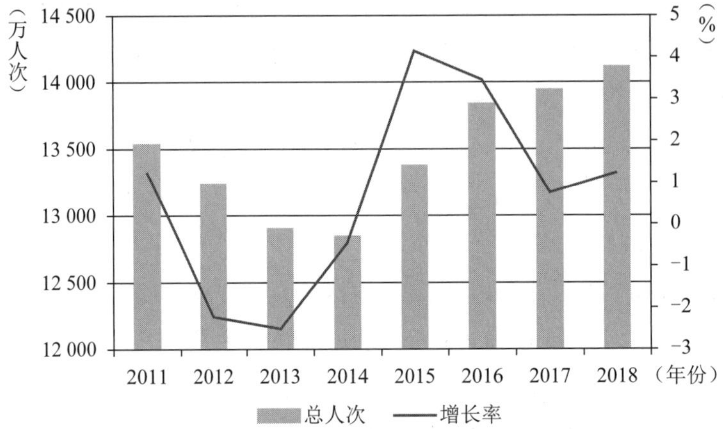

图 1-3　2011—2018 年入境人次和增长率

（4）媒介触点分散多元，原生内容刺激旅游需求

信息的爆炸与过载，促进了媒体的分众与分化，不断催生新的媒体平台、新的内容、新的渠道，极大地丰富了大众获取信息的来源。各类内容分发平台的快速发展，尤其是社交媒体、视频网站、自媒体的兴起，使游客在更多的接触点上能够了解与目的地相关的信息，也使得游客再次回归到基于对人的信任而旅行。“两微一抖”、直播平台、视频网站、社群运营、BBS 论坛聚集等产生的大量旅游关键意见领袖（KOL）和关键意见消费者（KOC），他们生产的“原生”内容，正成为激发游客旅游需求的主动力。除此之外，也有越来越多围绕人的多样需求形成的各类 APP，正在成为旅行产品与服务分发渠道的重要入口。如以电影场景为旅行目的地的“片场”、摄影爱好者聚集的“MARS”等。如今，越来越多的游客不是因为广告宣传片或是目的地推介会来了解旅游目的地，而是通过朋友圈的晒图、抖音的小视频、直播平台、综艺节目或是电影中的某个场景对某地产生了旅游兴趣，促生了旅游需求。近年，《乐队的夏天》《这就是街舞》《中国有嘻哈》等一系列综艺都取得了不俗的成绩，让这些小众兴趣圈走入大众视野，也带火了这些综艺的取景地，马蜂窝等旅游平台和目的地都在尝试与这些团队进行跨界合作，一些旅行服务商也开始研究针对这些细分市场的产品和推广。

“原生”内容的展示与传统的旅游宣传片不同，多是从微观视角审视旅游目的地。由于拍摄者就是游客自己，所以拍摄的内容往往是从游客的角度来发现当地的新、奇、趣，这样的内容更容易符合游客的需求，也更容易让其他游客产生共鸣。于是当地人早已习以为常的生活场景便常常成为游客趋之若鹜的网红打卡地，例如重庆的“车穿楼”、武汉的过早、上海的城市绿地，甚至是当地的菜市场都成为游客愿意背上行囊出门的理由，而这些网红打卡地在当地人的眼中可能从未被视作旅游资源，也未感到有何特别之处，但游客的到访却让自己身边再熟悉不过的场景变得有趣起来。

媒体的分化、传播渠道的多元，让更多的普通人成为信息的传递者。游客用自身的视角观察旅游目的地，通过自媒体等呈现当地人的生活状态，满足了大众游客对当地美好生活的向往，激发了潜在客源的旅游需求，让目的地真正成为主客共创、主客共享的空间。

2. 旅行服务商总量增长迅速，细分市场驱动效应显著

（1）旅行社总量快速增长，在线交易量持续上升

需求总量的不断放大，势必要求旅行服务供给的同步加大，两者趋势紧密正相关。2018 年，全国旅行社总量约 3.2 万家，至 2019 年 6 月 30 日，总量已增至 37 794 家，增长显著。从全国旅行社分布来看，东部地区、西部地区、中部地区及东北地区分别占全国旅行社总量的 51%、23%、18% 和 8%。旅行社数量在 2500 家以上的有 5 个地区，分别为广东、北京、江苏、浙江和山东，数量最多的广东为 3108 家。天津、新疆、海南、西藏、新疆生产建设兵团、宁夏 6 个地区旅行社数量少于 500 家，最少的宁夏为 161 家。

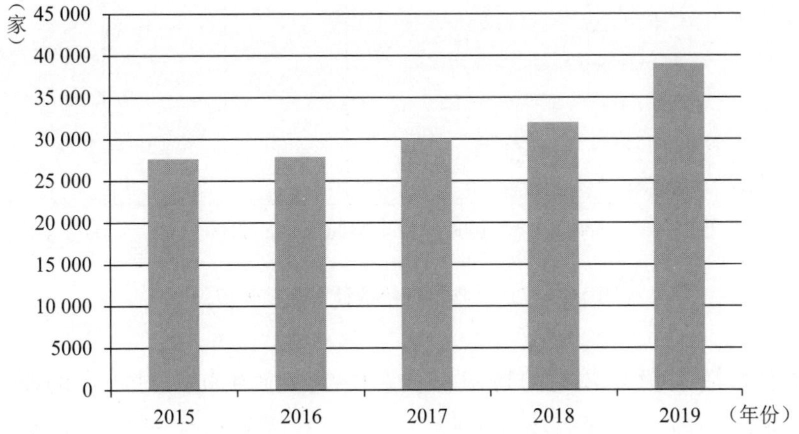

图 1-4　2015—2019 年全国旅行社数量

从地区分布来看，旅行社总量排名前十的省份变动不大，相较 2017 年均出

现了不同程度的增长，其中以江苏省数量增长最快。前十省份旅行社总量占全国总量的 55.6%，集中度与 2017 年的 55.2% 基本持平。

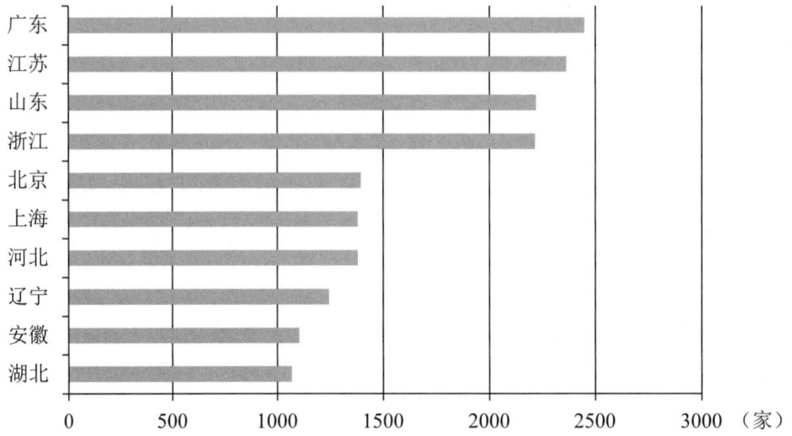

图 1-5　2018 年旅行社数量排名前十省份

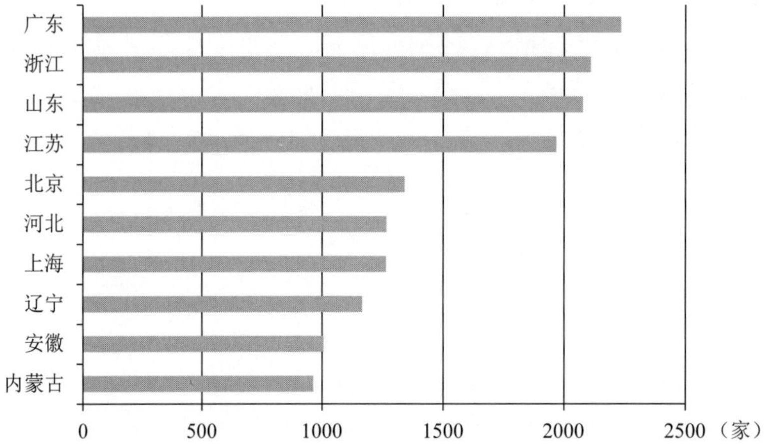

图 1-6　2017 年旅行社数量排名前十省份

受益于 C 端消费互联网的持续扩张、B 端产业互联网对产业的赋能变革，我国在线旅游市场交易规模持续增长，主要以在线旅行代理商（OTA）和在线直销为主要模式。各大 OTA 平台的在线用户活跃度高，在线交易额大。以携程为例，2018 年，携程全线品牌月活跃用户超过 2 亿，海外平台月度活跃用户量已达9000万，携程平台总交易额达到6900亿元，同比增长了30%。依靠大量的用户数据和不断增长的市场份额，大型平台不仅占据了网络端的流量入口，更通过平台线下渠道的扩张与下沉，有针对性地进行线下门店布局，携程在短短几年内已拥有近万家门店。

（2）细分市场驱动力显著

旅行社总量的快速增长，主要缘于“旅游+”战略的全面实施和深度推进，游客在分众分层趋势下形成的细分市场表现出了强劲的驱动力。

首先，对于大型旅行社而言，那些诸如研学、会展、定制等增长较为明显的、针对细分市场的业务部门开始表现出独立趋势，注册成为小而新的旅行社主体，既可享受税收等政策优惠，又可以保持灵活的机制和“船小好掉头”等敏捷应对市场的优势。近年，大型旅行社相继独立出来的业务部门和品牌，正是这一趋势的最好体现。以定制为例，中青旅推出的“耀悦”、携程推出的“鸿鹄逸游”、凯撒推出的“明智优选”等，都是定位于中高端客群，以提供精致小团、自由行、定制游等为主的、相对独立的子品牌。

其次，跨界而来的主体越来越多。旅游业边界不断打开，加速与其他产业的融合。旅行服务业外延正在不断扩大，旅行服务提供商从以传统旅行社为主的单一形态，已然转向传统旅行社、在线旅行服务商（OTA）、专业俱乐部、票务代理、跨界企业等多业态多主体共存的融合发展状态。沿着旅行服务创新的方向，越来越多的跨界者加入，一起同行。这些跨界而来的主体，往往原来已在某个细分领域里积累了成熟而同质化强的客源，如体育赛事、户外运动、文化体验、房产交易、律所服务、保健品等运营主体，开始意识到这些专业群体的出游需求，并开始注册旅行社资质，以更专业的产品和服务去满足其所经营的细分市场的旅游需求。

大众旅游时代的到来，恰恰伴随着细分市场的快速崛起。当旅行成为一种更为普遍的生活方式后，每个人都有定义自己的旅行方式的权利，而这将会使市场出现更深度的分化。未来的旅游服务会更加以群体划分，原因在于每个群体的消费行为、模式、决策影响因素与路径等，都存在较大的差异性，因此，在细分垂直领域的旅行服务供给还将进一步加大。

3. 游客满意度持续提升，服务品质仍需提高

2018年，在“旅游大发展、质量同步走”的良好态势下，质量变革日益深入人心，旅游业步入了品质旅游新时代，游客满意度和获得感已成为优质旅游、品质旅游的风向标。

据中国旅游研究院（文化和旅游部数据中心）专项调研显示，2018 年旅游服务质量综合评价指数为 77.91，同比增长 2.5%，其中，国内旅游和出境旅游服务质量保持平稳上升趋势，同比分别增长了 4.19% 和 2.33%，入境旅游服务质量保持高位运行，2018 年触底回升，但同比仍降低 9.09%。

2019 年上半年，全国旅游服务质量综合指数为 80.15，同比增长 3.77%，国内游客和入境游客对我国各项旅游服务的评价稳中有升，分别增长 6%、7%，达到 81.71、83.71 的水平，高于境外主要目的地国家的服务质量 81.05，入境旅游服务质量保持高位运行，居三大市场首位。

虽然游客满意度稳中有升，但是旅游市场的平均服务水平仍然难以满足游客对品质游的需求。从供给角度，旅行社服务、购物、住宿、餐饮等方面的服务仍有较大的提升空间，个别地方文明旅游、旅游安全、消费欺诈等仍是亟待解决的问题。从需求来看，品质化消费诉求日益突出，越来越多的游客更加渴望融入目的地的生活和文化中，对旅游服务提出了更高的要求。

二、从团游、自助游到定制游，无处不在的旅行服务

旅游业经历了改革开放 40 年的发展，游客需求与出行方式都发生了翻天覆地的变化。无论是传统跟团游、完全自由行，还是方兴未艾的定制旅行，旅行服务商都在以不同的方式向游客提供更具价值的旅行服务。

1. 团游的未来：从传统跟团到“新跟团游”

（1）传统跟团游

在资源有限、信息不发达、消费能力弱、产业市场化程度低的旅游业发展初期，大众化的跟团游是很长一段时间内游客出行的主要方式。这一时期出现并成长起来的以“国中青”为代表的旅行服务商，定义并诠释了这一时期的服务标准与产品研发模式。这个时期下的跟团游产品，采取的是资源导向型产品研发理念，根据可获取的资源进行产品设计，通过批零体系进行产品的分发销售。由于我国旅游业是由外事接待转轨而来，因此当时的接待服务标准在很大程度上代表了那时的国家级标准，但其内部运作模式和对客服务体系都带有鲜明的传统团游时期的烙印。

在旅游市场消费个性化、消费族群年轻化、消费升级等因素的影响下，传

统以强制性、标准化、人数多、同质化和固定式等为特征的跟团游市场呈现萎缩的趋势。目前，传统旅行社主要服务的团游客群以老年客群、亲子客群、研学客群、初级旅游消费者等典型的需要旅行服务与组织的客群为主。

中国已逐步进入老龄化社会，60 岁以上老年人约 2.2 亿，占总人口的 16%。这部分老年客群“有钱、有闲”，有很强的出游欲望，但是大多不具备熟练使用各类手机 APP 和上网搜集相关目的地信息的能力。同时，他们的语言能力和体力都不及年轻人，加之办理签证、网上预约手续等对于老年人来说相对复杂，因而，跟团旅游成了他们省事省心的最佳选择。携程 2018 年跟团游和自由行数据显示，82% 的老年人在出行时选择跟团游，并且在旅游消费上越来越舍得花钱。因此，越来越多的旅行服务商看到了人口老龄化带给团游的“新福利”，着力深耕老年市场，在产品主题、服务细节、线路设计等方面结合老年人的需求进行产品的分级和细化。

随着素质教育理念的深入和“旅游＋教育”的不断融合，研学旅行市场需求不断释放。根据中国旅游研究院专项调查显示，研学旅行成为在校学生的刚需，接近八成左右的受访者对研学旅行很感兴趣，六成左右的受访者表示参加过研学旅行。巨大的市场需求背后需要专业的服务供给支撑。青少年的研学旅行活动常常以学校为单位组织团游活动，由于出游人数多、青少年集中、活动策划复杂，学校无法独立完成，因而需要专业的旅行服务商提供研学旅行的组织策划、旅行安全、线路设计、景点参观、互动交流等。预计，未来的 3~5 年内研学旅行的学校渗透率会迅速提升，加上成年人和老年群体的研学旅行需求，研学客群将继续成为团游的主要客群之一。

在我国巨大的旅游市场中，消费需求发展不平衡，消费层级区分明显。对于初级旅游消费者来说，传统跟团省心省力，是出行旅游的最优选择，这些消费者刚刚进入旅游消费市场，旅游经验不足，旅游消费预算较低，旅游目的功能性需求较强，即以观光游览为主。另外，初级出境游和第一次出国游游客，尤其是进行欧洲等长线旅行的游客，他们往往也会选择传统的跟团游，主要是由于文化差异大、签证手续复杂、语言沟通不畅等原因，使得这些出境游的初级游客选择了传统跟团游。因而，传统跟团游在中国多层级的消费背景下，依旧有其存在的市场基础，尤其是三四线城市和广大的农村市场。

（2）“新跟团游”

传统跟团游比例的下降并非代表着团游对游客吸引力的下降，也并不代表着游客不需要旅行服务，凡事都靠自己来。事实上，几十年来习惯跟陌生人组成大团队旅游的国内旅游者正逐渐变“小”，灵活机动、注重私密、回归家庭的“小团化”正成为跟团游的新趋势。

“中国游客”不再是印象中的老样子。在出境游中，他们正在摆脱大巴车大团队、闹哄哄各类人同团、千篇一律的行程、行色匆匆走马观花、住得远吃得差的典型形象。根据中国旅游研究院与携程旅游大数据实验室联合调研的结果显示，国内游、出境游市场中，“新跟团游”在旅游人数和花费上都保持了快速增长，私家团、精致小团、目的地参团、品质团、定制团等一系列创新的跟团产品形态和服务方式的诞生和流行，使得中国游客再次选择这种旅行社全程服务、省心省力的旅游方式。在产品升级、服务细化、消费理念更新的新时代下，“新跟团游”呈现出青睐小团化、半自由化、当地参团化、高品质化、主题化的趋势。

未来，跟团游的产品也必将向着个性化、差异化、非程式化的方向发展，旅行服务商正以创新的方式和产品让团游重新赢得游客的青睐。

2. 从“完全自由行”到“有保障的自由行”

传统跟团游因行程固定、节奏紧张等屡遭诟病，随着信息获取的便利化、标品预订的普遍化、公众服务体系的日益完善，散客化时代自然而然地到来。尤其对于没有语言障碍，且到达方式多样的中短程国内旅游市场而言，自由行已成为游客更喜欢的一种方式。另一方面，互联网技术对旅游业的渗透，大大降低了供需双方的信息不对称，源头供应商利用技术红利使产品直达游客，使得完全自由行成为可能，也让很多人认为，游客的旅行不再需要服务，凡事都可以自己来。

然而，完全自由行的体验对旅游而言并非无懈可击。行程设计复杂、信息搜索耗时耗力、旅游安全缺乏保障、目的地深度体验不足都会打破游客完全自由行的幻想，反而会成为完全自由行的痛点，原本需要放松享受的行程可能因为准备过程的复杂而丧失了一部分乐趣，游客开始寻求更加专业和细化的旅行服务。于是，虽然原先主流的打包产品模式被自由行浪潮冲击，但是游客“碎片化”的旅游服务需求却成数量级增长，行程设计、旅游救援、微领队、游伴、当地玩乐、退税、签证、保险等单项旅游服务不断催生，为游客自由行提供保障。

基于高效的技术手段和服务创新，特别是手机移动端旅游的便捷，正支撑游客在全球各地自由随意行走。以携程、芒果、艺龙、途牛、同程为代表的新一代旅行服务商，以技术变革了旅行服务的供给模式和效率，例如，携程建立的自由行“微领队”、旅行 SOS 等行中服务平台，可以最快在几秒钟内对遇到行中问题的用户给予帮助，解决一些旅游过程中的突发问题。因此，自由行的旅游实践一再证明，自由行不是不需要旅行服务，相反，正是旅行服务商的“辅助”将游客从碎片化信息和多重预订流程中解脱出来，使其旅行回归本质，享受自由行的乐趣。

3. 定制游方兴未艾，大众定制时代正在到来

随着游客个性化、碎片化需求的增长，定制、小包团、私家团等又成为日渐流行的新型服务供给模式。这些都可视为介于传统团游和完全自由行的灵活度较高的中间产品，也是新型的服务供给模式。相较于传统跟团游，定制旅行是指从消费者需求出发，依托旅行商专业化运营，在分众和分层基础上为旅游者提供品质服务的商业模式。相较于传统的从资源端和生产者角度出发，定制旅行最大的特点在于从消费端的需求出发量身定制、灵活可调整。它既解决了传统跟团游行程固定、自由度低、强制性强、走马观花等普遍痛点，又能通过隐形贴身服务，解除了完全自由行规划耗时、应急不足、安全保障缺失、语言文化交流障碍等问题，让自由行更加自由且有保障。

2012 年以前，受市场发展阶段、定价、人效比等因素制约，定制旅行更多服务于高端市场。但是，随着六人游、无二之旅、指南猫等定位大众且重视技术研发的企业相继创立，以及携程、同程等平台定制事业部的设立，定制旅行从高端小众走进大众视野，在 2016 年后加速走向规模定制时代并不断从高线向低线城市渗透。从携程定制平台的订单数据来看，二线城市的订单占比（42%）已超过一线城市（36%）。同时，无论是国内游还是出境游，价格的下降都表明定制旅行的门槛正在不断降低。定制旅行并非是全新的事物，但只有当更多的老百姓享受得起，才标示着大众定制时代的到来。

定制旅行作为从需求出发、基于人工与数据相结合运营的商业模式，不仅能够实现产品的快速迭代，同时还能反哺传统跟团游与自由行产品，引领旅游业的产业升级。需求导向的产品设计、基于游客评价的资源优筛机制、专属定制顾问的贴心服务都会带来更高的游客满意度。基于定制游沉淀下来的固定线路产品是真正经由市场检验而筛选出的优质产品，是对原有资源导向下跟团游产品的颠覆性改变，又可以依托团游的规模化生产和采购来降低市场价格与准入门槛。

毫无疑问，对游客日益纷繁复杂的差异化个性需求的即时与规模化满足，必须也必将更加依赖旅行服务商的专业能力和品质服务。

三、从标品到非标品，旅行服务价值更加凸显

1. 从标品到非标品的竞争

互联网对旅游业第一阶段的变革是将机票、酒店、门票等标准品从原来的打包产品中独立出来，充分利用网络获客优势成为主流分销渠道。如今，机票的在线预订渗透率已在 80% 以上，住宿的在线渗透率正接近 40%。互联网平台凭借标品销售，获取流量红利，迅速占领市场份额。然而，随着流量红利增长减缓，加之消费升级和用户对旅游体验的升级，审美和人格逐渐成为消费的动力，游客需求正变得前所未有的个性化、碎片化，于是旅行也和众多其他品类服务一样，进入了“非标品红利期”。

几年前，面对 OTA 的高速增长，传统旅行社打出“服务”和“非标品”两大旗帜与其抗衡。现如今，依靠技术和大数据的运用，OTA 迅速打破了进入非标领域的入口，进一步丰富当地玩乐等目的地资源，例如以携程、同程、去哪儿、飞猪、美团、途牛为代表的头部 OTA 企业，已推出了微领队、City Walk、轰趴派对、针对中老年游客的“百旅会”、同城好妈妈等非标产品，深受不同用户的喜爱。可以看出，互联网平台的竞争焦点正从标品向非标品转移，尤其是像在线度假业务这类典型非标品，目前的在线渗透率仍不足 20%，发展潜力十分巨大。

2. 非标需求下的服务价值更加凸显

相较于标品销售，旅游度假业务，无论是定制游还是主题类产品，在预订环节往往需要经历游客与客服人员的多轮沟通协调才能完成下单过程。在旅行服务设计与实施过程中，个性化、碎片化的需求使得游客必须依靠目的地服务商的专业能力，尤其是遇到突发状况时的应急处置更需要专业的服务与保障。在碎片化的非标品市场上，人们对产品和服务品质提出了更高的要求，能不能服务好“人”，将是影响购买决策和出行体验的核心因素。

对游客碎片化、个性化、不断分层分众分级需求的快速回应与满足，恰恰需要旅行商的专业服务，也正考验着他们的专业能力。以离目的地资源最近的

地接社为例，一方面要接入更多碎片化的资源和产品，一方面非标化和信息化改造等问题，会给供应链管理增加难度。目的地产品的品类丰富，每个品类对信息结构都有不同的要求，这对于后台的数据管理和信息化建设都提出了更高的要求。一直以来，目的地的旅游产品和活动具有碎片化、分散化及非标准化程度高的特点，资源掌控难度大，许多目的地车导、门票、餐饮等预订平台只发挥中介代理平台作用，并不掌控这些资源。在此情形下，行业中传统的冗长供应链正面临着考验，更多的地接社需要创新使用互联网信息技术，并思考在全球“直客浪潮”下如何以更短的路径服务游客。从优质的本地服务供应商处组织产品，才能够对游客需求变化有更快的反应速度。

第二章

升级中的游客需求与亟须变革的旅行服务

一、个性化碎片化的需求，需链接并整合更多的资源方

1. 拓宽传统资源观，纳入更广泛的服务主体

游客需求的个性化碎片化会愈演愈烈，不仅会产生更多全新而细分的需求，即使在传统产品和路线上也需要解锁新的玩法，这就要求更广泛而多样的资源供应商加入旅行服务体系中来，正如近几年不断升温的博物馆游，在文旅融合、综艺节目、研学旅行等细分市场的共同作用下，已成为市场上热度很高的产品。除了故宫这样的热点 IP 外，在很多省会城市的最受欢迎的景点排名中，省级博物馆都能够排进前三。

碎片化的需求体现在原有打包产品的拆分与碎片化预订。传统的旅行社产品，是将游客出游过程中的“吃、住、行、游、购、娱”全都包含在线路当中，并派导游或者领队全程陪同，安排游客游览，解决突发状况。如今，机场接送包车、旅游目的地短途游览、景区门票、特色演出等，越来越多的游客把原来属于旅行社服务范畴的项目单独拆开，根据自身情况选择是否预订、怎样预订。

即时预订也是碎片化需求很明显的特征。随着网络技术和数据技术的深度应用发展、90 后消费群体的登场，碎片化需求表现得更加明显，这对传统旅行社业务产生冲击的同时也催生了新的产品形态。对于游客而言，没有束缚的行程和边走边订的特征正在给作为旅游消费主力军的 80 后、90 后带来新的旅游体验。年轻人更喜欢“说走就走的旅行”，他们可能并不想在旅游目的地长待，只是过来打卡一座网红图书馆或是咖啡厅；或者是出差路过一个城市，想去看看抖音上最火的地标；甚至很多人根本不访问传统的景区，而是找个行家陪同，去别人去不了的地方。这些碎片化的需求，都无法通过传统的批零体系做到，也无法通过传统景区景点打包的方式来满足。

90 后新消费主体的登场，正自下而上地加速着供应链的迭代，消费移动化、需求个性化、目的地 IP 化、产品细分化的趋势日益明显。固定模式的产品对年轻人的吸引力不大，他们更喜欢按照自己的规划游览。现在网络科技越来越发达，游客可以边走边订，从产生出游灵感到信息浏览再到规划行程、预订服务，这些事情全部可以在短时间内完成，产品具有独特性。

随着“旅游 +”战略的实施，更多的游客对新型跨界玩法产生浓厚兴趣，也更明显分属于某类细分市场，个性化的需求日益显现，每个人都希望自己是“不一样的烟火”。这种情况下需要重新审视原有的旅游资源观，从大自然、老

祖宗留下的山水人文旅游资源，转向更广泛的旅游资源。随着文旅融合的深度推进，很多文化资源，如非遗、文创、音乐、美术等文化机构都已进入旅游资源的视野，也正在加速从资源向产品的过渡。个性化、碎片化的需求，势必要求更加广泛的资源提供商和产品供应商，尤其是单体化的资源数量会大大增加。

在个性化碎片化需求的驱动下，碎片化产品也存在不容忽视的弊端：产品供应商杂乱、缺乏统一的标准、目的地技术不发达等，这些缺点降低了碎片化旅游的理想程度，需要探讨如何设立市场准入机制、强化资源、发展技术、提升体验，对于有条件的资源甚至还需要探讨如何做出规模。

2. 加强资源整合能力，构建开放式平台

随着单体资源供应商的数量增多，游客不可能独自面对所有的资源商进行分别交易，这就要求作为居间方的旅行服务机构不仅要能够连接更多的单体资源，还要有良好的现代化的资源整合能力。从结果上看，旅行服务商能够提供更多的产品品类，但这种能力更多考验的是后台对 B 端资源的整合能力。很多企业在这方面已做出了诸多尝试。

从出境市场来看，现阶段海外目的地旅游供应商十分碎片化，要整合供应商系统相当不易。专注于目的地旅游的电商 KKday 的核心竞争壁垒就在于连接优质的供应端，以及自身整合供应商资源的能力。KKday 通过本土化、资源直采、产品审核等方式审核供应商的资质并进行优选。之后，通过提供供应商 SCM（Supply Chain Management）系统，让供应商可以立即确认旅客的预订与售后的管理；通过供应商 QR code 核销系统，与多家大型供应商的系统直接对接；串接各家的目的地资源管理系统 PMS（Property Management System），让旅客通过 APP 可于旅行中立即预订、立即出证、立即使用。例如旅客只需在 KKday 的 APP 上购买台北故宫、台北 101 的电子票，无须在现场排队购票。

当以标品销售为基础、靠流量红利迅速拓展的 OTA 进军“非标品”领域时，尤其考验其对碎片化产品的整合能力。携程推出的定制旅行平台目前已升级至 3.0 版本，新的版本进一步拓宽了供应链，接入了数量庞大的供应商体系，尤其是纳入了单一资源供应商。与携程定制旅行平台合作的供应商包括两类，一类是集成服务供应商（ISP），他们与客户沟通并最终签订合同，为客户提供全面的旅游解决方案；另一类是单一资源供应商（SRP），他们与集成服务提供商进行 B2B 交易，不直接与客户打交道。单一资源供应商的接入使定制游平台从 C2B 进阶到 C2B2B，这样，C2B（客户对集成服务供应商）和 B2B（集成服务供应商对单一资源供应商）交易可以同时进行，包括签订合同、完成支付以及结算流程。与此同时，携程上线了新的旅游“开放平台 3.0”系统，在对包价旅行社、单项产品供应商开放之后，进一步向个人创业者开放，从供给侧进行改革，开放赋能，特别是赋能旅游业中的小微企业和个人创业者（小 B）。新系统通过共享资源系统、后台管理运营系统、客户服务系统、全渠道销售系统等整合供应链、赋能供应端，形成“多层次连接的生态圈”。

对大量碎片化资源整合的同时，对其进行管控和监管也是保证服务质量的重要环节，因而制定科学的准入和监管机制至关重要。以广之旅旗下同业交易平台“行走网”为例，该平台作为一个开放式平台，支持产品 API 接口，容纳海量供应商产品同时接入。为了保证供应商品质，平台制定了严格的供应商准入机制，定期核查供应商资质，保证供应商的高品质，从源头上掌控旅游资源供应水平，最大限度保障平台上渠道商及分销商的采购权益。

二、游客追求效率理性，服务供给需要更快的响应速度

1. 游客耐性下降，决策时间变短，追求效率理性

大众旅游时代的到来，使得旅游活动从需求弹性较大的商品成为很多百姓生活的重要组成部分，甚至是一部分民众的生活必需品。因而，出门旅行不再像之前那样，是一个较为耗时的决策过程，“说走就走的旅行”已经从梦想照进了现实。与此同时，旅游消费的主流人群由 60 后、70 后向 80 后、90 后，甚至是 00 后转移，他们成长在互联网时代，并与全球移动互联网技术的发展同行。与他们的父辈不同，80 后、90 后更追求自我价值的实现，体现在旅游需求上，便是追求及时享乐、无拘无束的旅游方式。“边走边订”所带来的行前、行中选择的多元化和可及时调整正满足了他们追求自我的需求。

根据携程旅游对非跟团散客自由行用户的统计，2017 年有超过 50% 的用户属于说走就走、行中预订的“佛系”旅行者，在携程平台上预订国内外自由行产品的订单中，预订与出发时间最短相隔只有 1 小时，预订当地玩乐产品、门票产品的订单中，预订与使用时间相隔最短的只有不到 10 秒。美团点评旗下美团旅行通过对 2017 年 6 月的消费大数据进行分析发现，海外门票超过 84% 的订单为预订当日或次日票，海外美食、海外演出赛事及休闲娱乐项目两日内产生的预订且消费订单比例均超过 80%，可以说，“边走边订”的消费特点显现在

旅行的各个环节，已经逐渐渗透到自由行全产业链。

2. 及时高效精准的服务，要求服务传递链条变短

“边走边订”的旅游消费趋势得益于移动智能技术在旅游行业中的应用。以滴滴出行、共享单车、Uber、Airbnb 等出行和住宿创新服务为代表的移动智能技术在服务领域的全面应用，推动了即时满足服务在全球用户间的普及。当“随叫随到”的概念从虚拟变成现实，消费者自然对服务的速度和效率提出了更高的要求，对旅游服务亦是如此。游客一旦对某地或某物产生出游的好奇，便会搜索相关信息，查看评论，预订下单，线下体验。全服务过程不仅要操作流畅、高效便捷，更要求线下服务的精准对接。因此，如何突破旅游产业较长的供应链，满足游客效率理性的要求、缩短服务传递链条成为旅行服务商未来着重的发力点。

首先，全面而及时的信息服务是精准、高效服务的基础。一方面，要求旅行服务商设计便捷的信息检索窗口或是分类清晰、信息简明的服务页面；另一方面，要建立对接游客的终端系统，例如移动 APP、微信小程序等，方便游客及时查询与预订。便捷的信息服务不仅可以在游客产生出游好奇时及时满足其需求，而且可以利用大数据等技术精准掌握游客的需求，及时推送相关信息，进一步刺激游客的旅游消费。例如途牛通过搭建“目的地频道”、激活内容基因、推进“牛跟班”服务以及发力小程序形成微信端闭环等多方面入手，满足游客“边走边订”的新消费模式，其中，“目的地频道”基于用户的时间和位置，智能推荐相关产品，实现碎片化旅游在线预订，同时向用户提供不同旅游产品间的行程动态调整，以及行程玩法规划，升级用户体验。

其次，搭建要素全面、层级不同、数量众多的旅游供给资源体系。随着旅游目的地服务供应商信息化系统的普及，众多旅行服务商的平台通过对接其 API，建立了庞大的旅游服务供给体系。这在考验旅行服务商对供给资源的整合和管控能力的同时，也促使旅游服务的供给链条不断缩短。传统的旅游产业，长供应链条是其最大的特征，服务信息层层传递，信息传递漏斗效应使得效率和准确率同时下降。对此，通过组团与地接信息打通、上下游供给资源的直采、对游客提供多触点服务，使得游客可以通过单一渠道或平台的购买，完成旅游产业链条上多环节的商品消费。

此外，增加服务触点也是旅行服务商提高服务传递效率的具体举措之一。从标品到非标品，服务的触点越来越多，可以随时随地满足游客的个性化、碎片化需求。以特产类旅游零售产品为例，特产是一种极依赖场景消费的物品，游客在旅游目的地极易产生购买需求，如果此时可以提供及时的服务供给，极大程度上可以刺激旅游消费。对此，途牛在其APP上专门上线了特产频道。来自原产地的水果、生鲜、茶饮以及文创工艺等，都能在特产集市中买到。同样，携程也把特产购物搬到了线上。在旅途中，只要打开携程的APP并自动定位当前位置，点开“景点玩乐”栏目里的“购物”标志就能看到当地的特色产品。

总之，游客的效率理性必然要求服务供给效率的同步提升，也必然带来旅游服务供给链条的缩短。旅行服务商利用快速迭代的互联网科技技术及大数据搜索，加强目的地碎片化资源的整合能力，增加服务触点，减少中间环节，优化供应链，提高供应效率，保障履约服务的极致化和品质化。

3. DTC浪潮触及旅游业，直客模式或成未来趋势

不断进化的信息智能新技术使得企业与消费者直接建立联系成为可能。从美国到中国，以DTC（Direct to Consumer，直接触达消费者）为新型商业模式的新锐品牌正在崛起，它们去中间商，以终端消费者为目标，以更低价格、更高质量接近消费者；它们更关注消费行为、更重视消费者生活形态，把握着多种运营优势，正在成为一种强大的新生市场力量，冲击颠覆着传统“间接品牌经济”。DTC正在以一种全新的商业思维方式——多接触点、消费互联和新营销技术，更广泛地影响着传统企业的业务经营战略，重塑全新的产业与市场生态格局。

DTC有着天然的互联网基因，不同于传统的旅游产业层层分销的产品和服务体系，DTC让这个链条变得极短。每个企业不仅可以作为别人价值链的一环提供产品服务，更可以自成一体，成为一个销售中心，以消费者为终端进行生产、销售、营销传播、零售、售后服务和体验等活动。

DTC的浪潮正在深刻地改变着旅游产业，DTC模式的广泛应用，不断缩短旅游的供给链条，提升旅游服务的响应速度。在传统旅游供应链上的每个角色，无论是上游资源供应商、批发商，还是组团社、地接社等，都在或多或少地越过某些中介角色，试图直接接触消费者。以批发商为例，旅行批发商作为链条上游的节点，受航空公司直销、国际关系波动等因素影响，经营风险不断加大，尤其专线型批发商受国际政治局势变化的影响会更明显，其可以成为平台的供应商，但也会面临着平台直采的替代风险，因此，众多批发商积极探索新的运营模式和自身定位，有的寻求与平台的紧密合作，有的寻求向零售端的延伸，有的寻求自身研发能力的提升。无论是众信、凯撒，还是华远、腾邦，都在试图摆脱“旅游批发商”这个单一的定位，在巩固其批发优势的同时，也在加强零售业务，尤其是线下直营门店的布局。从众信 2018 年报的分项业务来看，全年批发业务受泰国沉船事件影响明显，众信自身及竹园国旅批发业务收入分别较上年同期下滑 4% 和 1%，竹园净利润下滑 22%。零售端则受益于新增 300 家门店的影响，实现 12% 的增长，占收入比重提升 2 个百分点至 19%。众信在 2018 年增加了出境游零售业务的布局，截至 2018 年底拥有零售门店 435 家，较 2017 年增加了 300 余家，公司出境游零售业务实现营业收入 23.03 亿元，同比增长 12.39%。

三、提升客户黏性，要求服务商从“服务顾客”变为“运营顾客”

1. 客户黏性不足、转换成本低

旅游产品不同于其他商品，构成旅游产品的各个环节往往具有公共属性，导致旅游产品极易被复制。有时，某个旅行服务商花费了大量的时间和金钱研发出的特色旅游产品，很快就被复制和传播，甚至被其他旅行服务商推出了进阶产品，导致客户流失。因此，旅行服务商很难依靠特色的旅游产品维护客户。

另一方面，传统旅行服务商依靠信息不对称，依靠品牌或是地缘优势吸引客户。然而，互联网科技高度发达的今天，游客能够更加便利低廉地获取信息，以往需要多方打听咨询的旅游信息，现在只需要在互联网上简单一查就能够轻松获取。随着智能手机设备的普及，新一代通信技术的发展，云计算、AI 等技术的运用，现在一部手机就可以将所需要的旅游信息尽收眼底，从详细的攻略到游后的评价，应有尽有。而且互联网的发展还让旅游产品价格公开透明，游客可以在互联网上淘到比旅行社更加优惠的单品价格，自己进行组合。游客对旅行服务商的依赖随着科技的发展与应用变得越来越低。

总之，在充分竞争的市场环境下，旅游产品的同质化、信息获取的便利化等因素导致旅行服务商与客户之间的黏度较低。由于转换成本低，客户可以任意地转换服务商。因此，纵然吸引新客户是旅行服务商保持市场份额、提升营业收入的重要途径，但随着获客成本的不断提升和人均出游率的持续提高，如何维系并运营“老顾客”，获得全生命周期价值而非只做一锤子买卖，显得更为重要。

2. 从“私域流量”到“付费会员”，运营顾客需要回归人的连接

随着市场细分越来越明显，小众市场不断涌现、获客成本不断攀升，服务好顾客只是旅行服务商应做到的最基本的层面，如何维系并运营好顾客，有效地管理其全生命周期价值，是旅行服务商应思考的重要问题。Travel Technology Europe 调查显示，尽管在后台运营、在线旅游和酒店业技术提升方面面临着严峻挑战，但以提升消费者体验为核心的技术仍是大多数企业技术支出预算的重要部分。2018 年新技术支出的最大领域集中在内容营销、支付和面向客户的体验。在旅游服务方面，旅行服务商正在尝试突破与创新。越来越多的企业加速开拓线下门店、在业务模型中设置专属客户经理和管家、尝试以社群运营的方式来管理客户，目的就在于提升用户黏性和忠诚度。

在理性化的商业创新与技术革新之外，基于人的服务和沟通交流是旅行服务业的最突出的特点之一。人与人的情感连接是在产品和服务基础上产生的价值，是一种更深层次的关联，也是现代商业文明中体现人文关怀和柔性的一面。尤其在旅游服务中，情感的交流与联结是构成旅行服务商核心竞争力的关键。与此同时，不断变化的游客需求也呼唤有温度、有品质、有保障的旅行服务。当基础需求被满足后，游客呼唤着有温度的、深具人文关怀的深度服务。

旅游是以人与人之间的直接接触为服务传递的方式，旅游服务过程中形成的服务人员与游客的情感关系，是一种超越纯粹商业关系的更高级别的关系，具有更高的信任度和忠诚度。导游和领队等一线服务人员通过自身的优质服务，使游客对其产生信任、情感与黏性，进而成为独立的个人品牌，就如同独立制片人、独立设计师一样成为客户心目中的那个对的人。除了工作在一线的旅游服务人员以外，一些旅游达人、网红等通过直播、公众号、社群运营、粉丝群等多种方式建立自己的品牌，“两微一抖”、直播平台、社群运营、BBS 论坛等产生了大量旅游 KOL，个人品牌型的旅行社成了这些社群运营的流量出口。

基于对个人品牌的信任而出门旅行逐渐成为常态，加之公域平台的获客成本不断提升，“私域流量”成为旅行服务商争夺市场份额的重要领域。越来越多的旅行服务商通过公众号、微信群、私人号、小程序等沉淀客户，以多次的合作建立的信任为基础，以人与人之间的情感连接为触手，与客户建立稳定的伙伴关系，使得这些客户成为自己可以掌握的流量。相比于公域流量平台，这些客户属于旅行服务商的“私有资产”，可以反复利用，无须付费，又能随时触达，兼具转化效果和品牌积累的优势。

此外，一些旅行服务商通过付费会员制的方式运营客户，以此对存量流量进行精细化运营。随着各大旅游服务商对场景化服务创新的投入力度的加强，围绕出行"痛点"的场景化创新服务涌现出来，例如候车或候机贵宾室、机场安检快速通道、机场餐食等。丰富的场景化增值服务为付费会员制的推出奠定了基础。目前，国内主流 OTA 平台都相继推出了各自的付费会员体系。与普通会员相比，付费会员拥有更高的活跃度、复购率，以及更高的购买频次。付费会员本身就是企业高黏度客户，对此，旅行服务商要推出丰富的权益体系和更加优质的服务体验来维护这类会员，持续刺激其复购。

顾客服务要实现从顾客接待向顾客运营转变，同时战略层面也要实现考核导向与指标的调整。过去，企业对服务的考核更偏重于接待过程，例如途牛以往以游客满意作为核心指标，这种模式下，各级管理人员仍然更多着力于持续提高每次客户接待的指标。未来，在客户运营理念导向下，除了以单次接待的满意度为核心指标外，可突破以"每次接待"为单元的考量，转到以"每个客户"为关注颗粒度，引入服务净推荐值（NPS）、转化率等指标来考核运营客户的能力。NPS 可体现游客对于旅游服务的综合评价，转化率体现旅游服务商将服务转化为价值的能力。旅游服务人员以及旅游服务是旅游产品中最独特和难以复制的要素，旅行服务商通过考核指标的调整，激励旅游服务人员提升服务质量，关注每一个游客，建立游客与旅游服务人员之间的情感信任，才能提升游客与企业之间的黏性。

四、景观之上是生活：旅行服务商的角色转变

1. 从"看风景"到"享生活"，由"物质"向"精神"消费跃迁

如今的游客不再是"罩子里的人"，在一个与当地居民隔离的空间中被旅游大巴在各个景区景点间运来运去，而是广泛地介入目的地的生活消费空间，深入到目的地的每个角落，体验当地的生活方式，享受当地的文化旅游资源和产品，甚至创造出更多目的地的新玩法。

2019 年，我国人均 GDP 即将超过 1 万美元，旅游消费也呈现出新的特征，主要表现为从物质享受向精神满足的需求跃迁，意味着对优质内容、深度体验、专业服务、精神体验的需求将更加明显。根据中国旅游研究院发布的《2019 上半年全国文化消费数据报告》显示，五成的受访者认为"文化消费能提高人的

生活质量和幸福感，比衣食住行更重要”，近四成的受访者认为“文化消费属于生活必需品，跟衣食住行一样重要”，文化生活已成为满足人们美好生活向往的重要支撑。文化消费也成为国民消费升级的重要标志，是丰富游客深度体验的重要途径，持续为旅游经济健康发展提供新的动能。报告指出，2019上半年，国内文化休闲基础设施日益完善，各地文化旅游、民俗活动、节庆娱乐等休闲活动精彩纷呈，居民和游客文化消费持续升级，文化体验已经成为提升生活质量和幸福感的重要途径。调查显示，半数以上的受访者表示目前“市场需求旺盛，文化产品能够或基本满足群众需要”。逾七成受访者表示上半年曾参加“文化惠民消费季”等文化休闲活动，其中经常参加的受访者占比近四成。

从出行目的与行为来看，游客不再满足于地标式景区的打卡模式，而是可能为了一家网红餐厅、一座博物馆或是一个艺术展而游历一座城市。他们将不再满足于走马观花，而是需要深度了解当地的历史人文，品尝当地的特色餐饮，体验当地的非遗项目。他们不再满足于所谓的高效率旅行，而是追求高品质的异地生活，选择能够彰显高雅生活品位的项目，漫步于目的地的生活空间，行走于当地的大街小巷，穿梭于居民的生活日常，在重复当地人生活状态的同时深刻地感知当地文化，将旅行变成了生活，将行走变成了体验，将感受变成了休闲。研学、体育、避暑、冰雪、亲子、夜间旅游等发展得如火如荼的细分市场恰恰佐证了这个趋势。市场的分层分众从未停止，而在每一层每一众内都迫切要求旅行服务商进行更加细分而有深度的产品研发和更具品质化的专业服务。

2. 旅行服务商的角色转变：从旅行服务到异地生活方式服务

众多旅行服务商利用巨大的游客流量，将自身打造成为平台或是渠道商，进而向整个产业链拓展，从提供旅行服务向提供异地生活方式服务而转变。例如，中青旅利用自己的流量优势，收购乌镇景区，打造古北水镇景区，将旅游流量引向自己经营的景区，从而实现在旅游景区板块的盈利。中国旅游集团也是如此，利用自己强大的旅游流量，打造营造海泉湾景区系列，并涉足旅游投资、旅游地产、旅游餐饮、旅游交通等多个业务板块。此外，旅游业作为综合类产业，辐射带动效应显著。在“旅游+”战略的指引下，旅游正在成为其他产业的流量入口，如何通过产业融合、跨界创新提高企业利润和客户价值，是未来旅行服务商可以无限想象和拓展的空间，毕竟旅游是游客异地的生活方式，而生活方式的范畴将涉及服务的方方面面。

岭南集团已将“景观之上是生活”写入了企业文化，并以此作为产品研发的指导方针之一。2018 年岭南股份举行了“岭南 20，焕新引领”战略与品牌发布会，并正式公布了全新的 LOGO，首次明确了“城乡服务运营商”战略定位。公司将 2015 年到 2024 年视为企业的“二次创业期”，从过去的城市景观综合运营商，到美丽生活的创造者，再到今天的城乡服务运营商，围绕“生态与环境”+“文化与旅游”双引擎，不断强化综合策划能力、内容与产品植入能力、综合运营商能力，实现三大业务板块协同发展的战略目标。

2019 年 9 月 6 日，社区团购平台“同程生活”宣布完成新一轮 1 亿美元融资。同程生活由同程内部孵化，于 2018 年下半年正式上线，是一个同程内部孵化的社区团购项目，核心业务包括美食、居家用品以及周边服务，以小店店主、宝妈为团长，致力于服务家庭消费大场景，提供生鲜、食材等高频刚需产品，覆盖居家用品及周边服务等。目前，同程集团正发力各个业务领域，希望借力其线上平台和线下资源打造一个旅游生活全产业链。近期，同程旅游先后围绕酒店住宿、文旅及交通出行等旅游业态推出了多个融资服务产品，以此为连接，未来将携手合作伙伴更好地服务于实体经济和中小微企业，促进行业稳健发展。而此次同程加码布局社交电商领域，意义在于以线下消费资源作为切入点，创造消费场景，抓住微信群和小程序等流量红利来吸引客户群并增加黏性，以此促进其全产业链发展。

第三章
旅行服务的市场供给更加丰富、弹性而高效

一、旅行社上市企业运营状况

1. 国内旅行社上市公司运营状况

根据 Wind 数据库①资料，旅行社上市公司的不分项的总体营业收入规模在 2018 年已经达到 750.51 亿元，增长率除了在 2016 年出现明显下降外，均保持较好增长态势，近 5 年平均增长率为 22.7%。

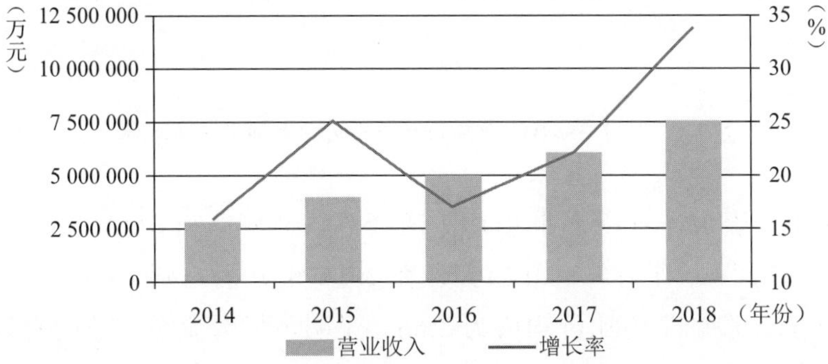

图 3-1　2014—2018 年旅行社上市公司收入规模及增长率

上市旅行社企业整体净利润在 2018 年达到 34.34 亿元，呈逐年上升趋势，近五年平均增长率为 17.86%。五年平均毛利率为 21.36%，年均净利率为 5.9%，利差在 15.46% 上下浮动。

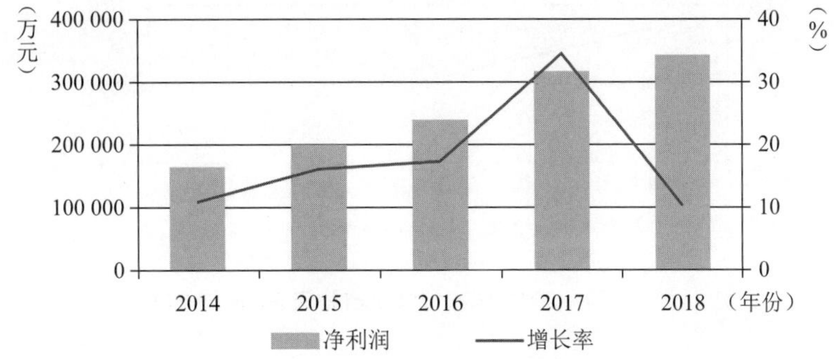

图 3-2　2014—2018 年旅行社上市公司净利润及增长率

① 2018年样本数据包括15家企业，其中A股4家企业，包括中国国旅、众信旅游、凯撒旅游、西安旅游；11 家新三板企业，包括景尚旅业、腾轩旅游、明游天下、视野股份、中青国际、好之旅、中新正大、龙驰国旅、世界旅游、达人旅业、康泰旅游。2013—2017 年数据分别根据当年的上市旅行社数据汇总而得，每年有所变化，此处不一一罗列。

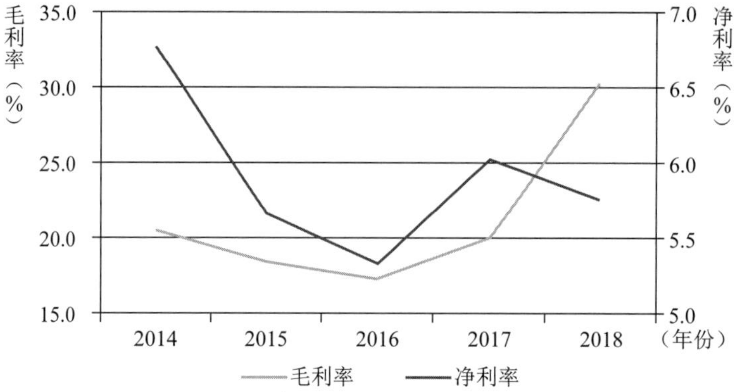

图 3-3　2014—2018 年旅行社上市公司毛利率与净利率

从行业市场表现来看：行业 ROE（净资产收益率）和 ROA（资产回报率）具有较强的一致性，且呈现上升趋势，在 2018 年分别达到 15.45%、10.79%。旅行社相对于 A 股的估值比价均值为 2.66，说明市场对旅游企业的看好。旅游板块的市场表现高于上证指数。行业年度累计分红逐年上升，在 2018 年达到 11.46 亿元。

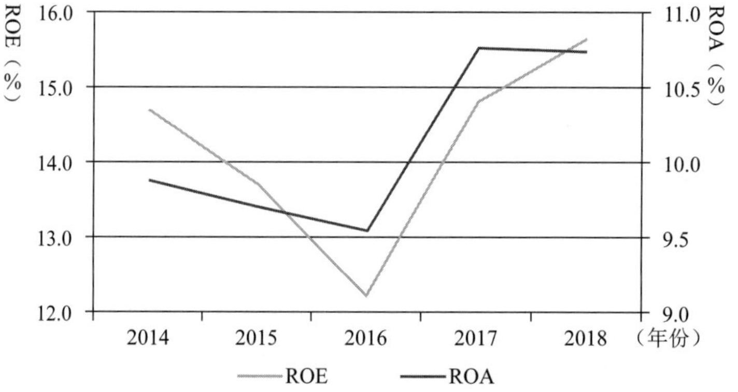

图 3-4　2014—2018 年旅行社上市公司 ROE 与 ROA

从行业现金流表来看：营业收入占销售商品收到的现金流的比例在 1.09 浮动，说明行业的现金流流动性较好。从行业资产负债表分析：行业的年均资产负债率在 39.19%，处于较为适宜的水平。

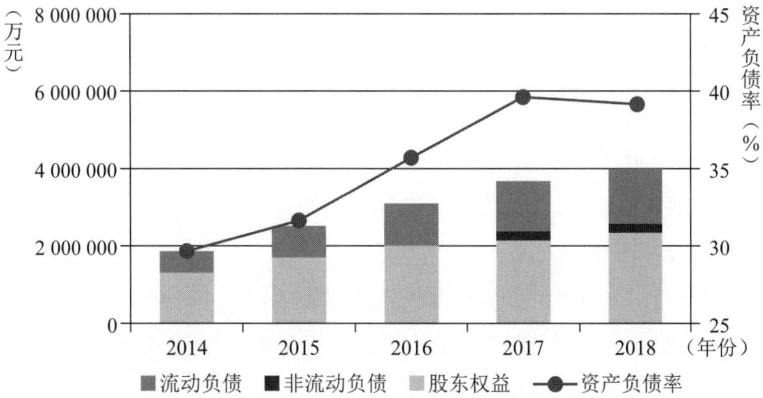

图 3–5　2014—2018 年旅行社上市公司资产负债情况

2. 海外上市企业运营状况

（1）携程

作为行业的领头羊，携程 2018 年财报表现仍然十分亮眼，全年总交易额为 7250 亿元（不包括天巡），同比增长了 30%，超过了 Booking Holdings 公司和 Expedia 公司 2018 年全年的 GMV（成交总额）及增速。2018 年全年净营业收入达到 310 亿元。同时，携程还首次披露了面向中国市场的品牌总交易用户数达到了 1.35 亿，过去两年复合增长为 25%。除了增速逆势“领跑”中概股和全球在线旅游企业，携程财报显示：若不计股权报酬费用、权益类可供出售金融资产的公允价值变动损益，归属携程股东的净利润为 55 亿元人民币，同比大涨近四成。

从分项数据来看，截至 2018 年 12 月 31 日，携程全年住宿预订收入为 116 亿元人民币，同比增长 21%。全年交通票务营业收入为 129 亿元，其中，2018 年第四季度交通票务营业收入为 34 亿元，同比增长 17%。另外，全年旅游度假业务营业收入为 38 亿元，同比增长了 27%。全年商旅管理业务营业收入为 9.81 亿元人民币，同比增长了 30%。

这与携程此前的战略密不可分。以全球化为例，2018 年第四季度，携程国际业务收入占集团总收入的 30%~35%，携程的国际酒店和国际机票（不包括天巡在内）增速达到行业增速的 3 倍。天巡的直接预订业务也继续快速发展，在第四季度收入同比上升超过 200%。在低线市场，携程品牌的低星酒店间夜量在 2018 年第四季度维持 50% 的同比增速，线下门店交易额达到三位数的同比增长。

（2）途牛旅游网

途牛旅游网 2018 年 2 月 28 日公布的财报显示，2018 年途牛非美国会计准则净利润为 1090 万元人民币（合 160 万美元），首次实现了全年盈利（非美国会计准则下）以及首次全年经营性现金流转正。2017 年公司非美国会计准则净亏损为 5.311 亿元人民币。

从年度数据来看，2018 年途牛净收入为 22 亿元人民币（合 3.258 亿美元），较 2017 年增长 2.2%。毛利为 12 亿元人民币（合 1.709 亿美元），较 2017 年增长 0.6%。毛利的上升主要是由于规模效应带来的效率提升，但有部分增量被其他收入的减少所抵消。

在盈利的背后，途牛 2018 年营业费用和打包旅游产品收入呈现一降一升的态势。2018 年，途牛营业费用为 15 亿元人民币（合 2.217 亿美元），同比下降 25.7%，打包旅游产品收入为 18 亿元人民币（合 2.663 亿美元），同比增长 15.2%。截至 2018 年 12 月 31 日，途牛拥有 509 家自营门市，其中自 2018 年 1 月 1 日起新增 345 家自营门市，占自营门市总量的 67.78%。截至 2018 年 12 月 31 日，途牛拥有 29 家自营地接社，其中自 2018 年 11 月 27 日起新增 3 家国内地接社。

（3）同程艺龙

2019 年 3 月 20 日，同程艺龙发布 2018 年度业绩公告，按合并基准，同程艺龙 2018 年度交易额达到 1315 亿元人民币（合并口径），同比增长 28.5%；年度收入为 60.9 亿元人民币，同比增长 16.5%；经调整的净利润为 11.4 亿元人民币，同比增长 66.8%；经调整净利润率由 2017 年的 13.1% 上升至 2018 年的 18.7%。

自 2018 年 3 月完成合并后，同程艺龙的交通、住宿及其他出行服务的整合效果超过预期，协同效应得以显著释放，成长为服务品类齐全的一站式出行平台。截至 2018 年 12 月 31 日，同程艺龙在线平台提供由 438 家国内航空公司及国际航空公司运营的超过 6400 条国内航线及超过 100 万条国际航线、超过 140 万家酒店及非标住宿选择、约 310 000 条汽车线路及超过 417 条渡轮线路。由于同程艺龙不断投资技术基础设施，在过去一年中服务自动化水平进一步提升。按合并基准计算，2018 年通过直连自动执行的交易数量占合并机票订单约 95% 的比例，占合并住宿间夜约 80% 的比例。

微信小程序给同程艺龙的引流效应仍然十分显著。截至 2018 年 12 月 31 日，同程艺龙的平均月活跃用户数为 1.75 亿，同比增长 44.6%；2018 年平均月付费用户达到 2000 万，同比增长 28.2%，全年用户留存率达到 67%。财报数据显示，同程艺龙的低线用户获取增加。2018 年，同程艺龙约 85.4% 的注册用户居住在中国非一线城市。此外，就同程艺龙从微信新获得的付费用户而言，来自中国低线城市的用户占比由 2018 年 1 月的 54.9%，上升至 2018 年 12 月的 64.3%。

二、源头资源供应商直销趋势延续

2018 年以来，航空公司、铁路、酒店、景区等源头供应商的直联终端游客的趋势仍在加强，原来具有渠道垄断的力量正在加速被削弱，各方都在积极打造自身的平台直连用户。全球航空公司和酒店过去几年间在推动直销方面的行动也是轰轰烈烈，它们希望覆盖用户旅程的每一个接触点，通过投资收购或合作为用户提供相关的服务。

在全球 DTC 浪潮的影响下，传统的供应链体系正潜移默化地发生着改变，每个企业不仅可以作为别人价值链的一环提供产品服务，更可以自成一体，成为一个销售中心，以消费者为终端进行生产、销售、营销传播、零售、售后服务和体验等活动。这种更加高效、灵活的产品与服务售卖模式，正在导致产品与服务的分发渠道在数量上以远超我们想象的速度与规模发展。

1. 航空公司致力打造直销生态，NDC 模式获广泛共识

自 2014 年“提直降代”大幕拉开至今，伴随着分销渠道改革的进程，航空公司的自我角色定位正从传统的承运人向旅游服务运营商转变，在平衡渠道价值、创新产品服务和提升品牌忠诚度等方面，都展开了创新与探索。实施提直降代以来，航空公司决策者们已经在流量、网络、航线这些问题之外更多开始考虑如何更好地盈利，建立更加动态、更加以客户为中心的直销分销体系，成为各个航空公司的战略焦点。提直降代对机票分销格局的渐进式影响还在继续。在东航、南航的 2018 全年财报中，渠道比例已经不再被明显提及，而直销收入、常客收入、辅营收入等关乎直销生态打造的市场营销数据则被画上重点。

航空公司直连力量正变得更加强大，由于旅客不断寻求无缝移动体验、本地支付和一流的客户服务，全球范围内消费者用户习惯从桌面端到移动端的转

变已是大势所趋。当前我国有 43% 的航程预订是通过移动设备完成的，这种数字化趋势也为航空公司直连提供良好发展契机。2019 年，通过自有 APP 平台生态圈的不断完善，各大航空公司除获得更多机票直销流量外，航空公司在数字化营销上得到更多市场提升。《2019 年航空公司辅助服务收入年度报告》也进一步显示，过去一年来全球航空公司在辅助业务上取得积极进展。全球 76 家航空公司在 2018 年的辅助收入达 557 亿美元，在整体总收入中的占比为 10.7%。就中国而言，在为旅客提供精准、丰富的产品附加服务方面，包括多交易方式支付、付费选择座位、行李收费、付费使用贵宾室、餐食预订、机上升舱、酒店预订、叫车服务等，均取得市场化进展。

2018 年，中国国航全年总收入为 206.73 亿美元，辅助收入为 1.38 亿美元，占总收入的 0.7%。财报显示，国航辅助产品的销售收入同比增长 3.2 亿美元（45.9%）。国航的主要辅助收入来源在于座位分配、行李托运以及登机前升舱，其中升级产品、付费座位预选和预付行李所贡献的辅助收入同比分别增长 59%、27% 和 152%。截至 2018 年年底，国航常旅客计划凤凰知音（Phoenix Miles）拥有 5600 万名会员，贡献了 55% 的收入。

东航 2018 年全年收入为 174 亿美元，辅助收入为 3.28 亿美元，占总收入的 1.9%。东航在年初推出了基础经济舱和超级经济舱服务。东航的增值产品优选座位收入同比增长了 89%。截至 2018 年年底，东航常旅客计划东方万里行（Eastern Miles）拥有 3963 万名会员。南航辅助收入为 1.02 亿美元，占总收入的 0.5%。截至 2018 年年底，南航常旅客计划南航明珠俱乐部（Sky Pearl Club）成员数量达到 3978 万人，贡献了 436.96 亿人民币的收入。春秋航空去年的辅助收入为 9220 万美元，占总收入的 4.7%。春秋航空的辅助收入来源包括：机场接送服务、座位分配、景点门票、超重行李托运、度假打包产品、酒店租车、预订餐食、旅程保险、VIP 休息室、Wi-Fi 卡等。

在航空公司与 GDS（全球分销系统）合作领域值得一提的“逆操作”是 2019 年 3 月，春秋航空接入中航信的项目一期投产，并完成首单销售。春秋航空此次与中航信的接入，标志中航信基本完成国内航空公司的销售接入。在机票销售的流量和入口上，尽管中航信在我国承担 GDS 角色，且仍占我国 98% 以上的市场份额，但 NDC（New Distribution Capability，新分销架构）正在全球范围内获得更广泛的共识。允许整合更多的差异化产品、能够以更快的方式触达消费者的 NDC，在 2019 年也获得实质性发展。截至 2018 年 7 月，已有 60

个 NDC 认证的部署案例、42 家 IT 供应商、14 家聚合服务商，国外三大 GDS 巨头均已拿出 NDC 实施线路图，而 Amadeus 还成功通过了 IATA（国际航空运输协会）的 NDC 聚合商三级认证，国内也有包括四大航空、山东航空、深圳航空、四川航空在内的 9 家航空公司获得 IATA 的 NDC 三级认证，江西航空则获得了二级认证。尽管目前我国航空公司普遍是认证的多，实施的少，但国际上 NDC 的激烈响应正在倒逼代理商推动传统分销模式的转型，在我国则将首先推动中航信 GDS 升级。

2. 酒店成探索消费“直连 + 互联”的先锋

根据移动大数据监测平台 Trustdata 数据，2019 年上半年，中国在线酒店预订用户数量仍持续增长，已达亿量级规模。夜间预订量同比增长 20%，规模近 4 亿。巨大的市场体量下，分销渠道的成本是酒店必须要考虑的问题。酒店在与 OTA 的竞争合作关系下，始终在探索提升直销比例的途径与方法，包括自建渠道、建立酒店联盟体等。

酒店企业事实上拥有突出的线下客流优势，但却缺少运营工具，在传统的运营体系下，流量来了也接不住，更无法完成转化和沉淀。但互联网技术的发展，却为酒店企业提供了更多的工具。如今，国内越来越多的酒店注册官方微信公众号，开通了简单的微信订房功能，希望借助微信来获得用户和流量，提升直销比例。酒店推动直销不仅仅是为了降低分销成本，更是为了提高顾客体验。当顾客通过酒店官方渠道预订的时候，酒店就拥有了用户的相关数据。通过这些数据，能够更好地收集用户需求，从而可以提供更有针对性和个性化的服务，最终能够产生更多的忠诚会员并带来更多预订。

致力于提升酒店直销比例已是行业共识，锦江、首旅如家、华住、亚朵等酒店集团也在直销领域做出不懈努力，目前酒店直销比例正在逐年上升。锦江集团在全球范围内完成了多宗并购之后，打造了 WeHotel 小程序，进行技术资源的内部整合，以便增强自建的销售体系，降低对第三方渠道的依赖，增加自身定价权。据悉，每天锦江有 10 万间房通过 WeHotel 小程序销售，其中超过 6 万是前台扫码，4 万左右是用户自主通过小程序预订，转化完之后二次预订用户会首选小程序。小程序基于微信体系，需要用户填的内容非常少，用户包括手机号在内的一些基本信息微信里本来就有了，用户只要按几个确定授权，填一些最简单的信息就会成为会员，整个门槛降低了，在发展会员的效率上就提高了。为了提升会员体验，使用小程序预订房间，会员可享受双倍积分，以此不断将会员权益放至最大来提高吸引力。

全球零售业的 DTC 风潮在酒店业表现明显，事实表明酒店不只是游客在异地的居住空间，而是表现出丰富的社交功能和多场景关联消费。DTC 模式正是通过各类社交营销获取用户，进一步通过用户体验、快速反应、客户服务、数据分析四大能力将用户进一步转化成终身价值客户（Lifetime Value）。这些终身价值客户的累积反过来又会进一步激发企业为其提供更多衍生产品服务、实现更多消费关联，帮助企业打造开放性的良性商业生态。2019 年，“直连 + 互联”正在渗透到酒店战略行动中，成为酒店摆脱平台企业垄断势力，形成持续竞争优势的新鲜手段。以亚朵为代表的酒店成为多类别旅行服务商中探索消费“直连 + 互联”的先锋，通过更丰富的内容提升品牌内涵和吸引力。

近些年，亚朵先后与“吴晓波”“网易严选”“知乎”“网易云音乐”“腾讯超级会员”等头部 IP 展开主题酒店合作，触达更多人群。通过阅读与摄影，在打破住宿空间的壁垒基础上，又积极与各领域顶级 IP 广泛合作，进行内容运营，为消费者带来新奇、有趣且有深度的体验。从经营酒店，到经营空间，再到经营人群，亚朵进行了不断探索，如今的亚朵已成长为融文化、科技与新消费为一体的生活方式品牌。开业不到 6 年时间，亚朵酒店已进入全国 150 余座城市，开业近 300 家，签约超 600 家，拥有了超过 1800 万优质会员。

新技术的不断成熟也正在助力更多企业跨界而来成为酒店服务提供商中重要的一员。如无印良品，在连接思维的基础上，正在通过跨界思维、场景思维、美学思维不断推广“MUJI 风格”，试图将其打造为风行世界的生活方式品牌。2018 年 1 月 18 日，在深圳首次引入 MUJI BOOKS、Open MUJI、Found MUJI、IDÉE 四项业态・商品群。其精彩的互动体验以及多样的商品群正在为用户带来更加丰富的生活空间。可以预见的是，未来将有更多企业跨界而来成为旅行服务提供商中的重要一员。

当酒店在直销的路上不断探索，也有一些专注于酒店 SaaS 服务的企业逐渐显露。已完成 Pre-A 轮融资的新美科技，自成立初期起，就以扎根酒店产业企业客户直销拓客 SaaS 平台服务为初衷，深挖酒店对企业客户拓客、运营、营销、关系维护、预订及交易全链条各环节需求。此前已为温德姆酒店集团提供包括订房微信小程序等整套线上拓展直销客户的解决方案，并创新性地打造了与酒店直连的面向企业市场的线上营销和服务平台。

三、批发商重新定位，B2B 平台洗牌后再生

1. 批发商业务空间面临压缩

传统旅行服务业是以行业分工为主要特征，包括批发商、地接社、组团社等，过去其内部之间界限清晰、泾渭分明。其中，批发商处在单向、线性价值链的一环，它通常只需面向地接社、组团社交付产品或服务，充当生产者和交付者的角色。在交易链条中，组团社负责招揽客源，并不负责旅游产品的研发，其售卖的旅游产品通常是向目的地的旅游批发商采购而来。而旅游批发商则负责采购地接社制作好的旅游产品，再附加“大交通”的价格卖给组团社。一家具有话语权的旅游批发商，可以从地接社手中获取品质高、价格低的产品。

批发商为了维护组团社渠道，需要不断推出有价格优势的新产品，或者会请策划公司包装旅游线路产品，甚至亲自到目的地培训导游，以保证服务质量。传统旅游批发商的组织运营流程是从贸易销售介入制造服务再进入研发创新形成“产供销人财物”一体化，侧重的是供给侧的规模经济。或者简言之，旅行批发商是在信息技术不对称下，旅游服务分工细化和专业化的一种产物，其本质就是利用规模经济赚取服务差价。在信息不对称时代，面向不同层级分销的批发商经历了高速高利润的发展阶段，直至在线旅游平台的出现，改变了这一局面，传统批发商的渠道权力优势正在被稀释。

随着电子商务的不断发展，传统批发商正感受到越来越大的压力，这一情形不只体现在旅游行业，而是出现在广泛的商业领域中。电子商务浪潮下与之配套的系统，如现代物流技术、电子支付系统、信用保障、通信和资讯设施的完善，让跨时空的交易日益便利，都会冲击到批发商这种形态。当市场竞争越来越激烈，由定制游等新兴业态产品出现带动的供应链变化，使旅游产品经由旅游目的地接待社、地区批发商、传统旅行社或电商三个环节，最后才销售给消费者的传统模式已经不适用。旅游企业开始试图减少中间环节，旅行社或电商收购区域批发商，或是区域批发商转型做旅行社。这样既可以控制成本，又可以更好地监测旅游产品的质量。

从封闭的以产定销至反向资源配置的敏捷供应正在被平台企业不断加速颠覆和深入突破，尤其是当前需求方越来越个性化，生产方越来越小批量，供给侧和需求侧都出现反规模效应的趋势。供给侧需要弹性生产，需求侧需要用户画像，面对这种市场转向，平台企业的优势进一步凸显，它改变了传统厂商的

规模经济，颠覆了传统厂商流水线的财富密码，转而通过平台上的大规模信息匹配带来的巨量交易来实现规模效益，而这一点却是传统旅行服务批发商利用现有流程和组织架构无法完成的。从业务前景和增长逻辑来看，批发商的角色和批发业务空间势必会受到冲击。一是渠道客户大量萎缩；二是团款回收风险越来越大，成本越来越高，产品毛利被终端客户不断压缩；三是线上产品低价策略对线下冲击严重，价格战愈演愈烈。

作为国内最大的出境游批发商之一的众信旅游，其 2018 年年报也显示，尽管 2018 年我国出境游持续火热，但其批发出境游业务却持续下滑。2018 年，其出境游批发业务收入继续下滑，仅为 86.90 亿元，同比下降 2.52%，毛利率为 7.12%。2019 年半年报继续显示，1~6 月，众信旅游出境游批发业务实现营收 43.3 亿元，该业务营收同比又下滑 4.68%，其中亚洲业务收入同比下降超过 10%。

对于东南亚市场，平台企业对传统出境批发商的蚕食最为严重。在东南亚市场，传统的跟团游已经被“目的地拼团”“当地一日游”取代，我国游客可以通过各出境口岸出境后在泰国曼谷、普吉、印尼巴厘岛等境外目的地集散并在当地组团，这已经成为东南亚市场的主流产品。这种转变对传统出境游批发商是不利的，一方面他们失去了机票、酒店等打包的营收和利润，另一方面他们也可能会失去对目的地地接资源的把控优势。凯撒旅游同样如此，2018 年其批发业务也同样处在持续下滑状态，批发业务收入 12.59 亿元，占比 17.96%，同比下降 2.33%，服务人次从 382 267 下降至 342 938 人次，同比下降 10.29%。

2. 批发商的转变与尝试，需要用户思维与渠道思维并重

面对市场需求与供应链的变化，各类批发企业都在进行新的尝试。对于集团化的企业来讲，无论是众信、凯撒、华远国旅还是腾邦旅游等，都在试图摆脱“旅游批发商”这个单一的定位。众信旅游正通过合纵连横，谋求全产业布局。一方面，众信旅游在加快上游优势资源整合的步伐，深入布局欧洲、北美、日本等热门出境游目的地；同时，也在向游学、移民置业、旅游金融、健康医疗等一系列出境综合服务延伸的“旅游 +”业务领域不断拓展，打造异地生活综合服务平台。腾邦旅游也不断加大直采力度，试图掌控更多上游资源加深竞争壁垒。腾邦旅游通过以航线运营撬动销售端，并借目的地运营服务的产品实现流量变现的“大交通布局 + 目的地资源”的方式，完成旅游全产业链的布局。

对于很多专线批发商，面对日益成熟的游客和深度游散客化的需求，他们也正在加强自己的产品研发与服务能力，尽可能地去贴合市场。

事实上，无论是集团型全线批发商，还是专线批发商，未来都需要加强用户思维。以往由于旅游业链条长，作为处于中间环节的批发商，他们与市场风向、需求变化潮流、消费终端都隔着好几层渠道，因此自然而然采用的是渠道思维，在旅游业向高质量发展的大趋势下，唯有紧跟市场动向、理性分析市场需求，才能增强自身的产品竞争力。批发商的跟团游产品，不含大交通的情况下，都是在目的地落地散拼，定期发班，一人成行，去掉购物和加点，性价比高，互联网的用户也会选择。OTA 的主营产品就是这类。

平台的出现对批发商带来的不只有冲击，更有新的发展空间和合作机会。对于批发商而言，以往是围绕组团社提供低价高返佣的产品，在触网后有机会更加了解游客的实际需求，利用丰富的网络信息和用户评论来改良自己的产品。以北京春秋为例，其开发的产品既有针对五六十岁中老年的“越南 + 柬埔寨”8 天常规团产品，也有针对二三十岁年轻人的越南一地深度游的产品——“最越南”。产品的设计思路完全来源于网上热点游记和攻略，高度符合消费者对于目的地的想象和期许。同时，旅行社还通过可以给客人更多的指导，凭借价格优势，领队及导游服务、安全保障等优势，改变游客对跟团游的看法。

有些专线批发商也正在积极触网，依托平台的流量优势，加强运营属性，从做线下组团社的供应商，到成为平台的优势供应商，再到飞猪、马蜂窝等平台开店，从幕后工作者走向前台，创建自己的品牌面向用户，从经营跟团游产品，到提供更能满足自由行用户的门票、酒店、一日游、拼车、包车、当地定制等产品，产品不断丰富。在经营理念和方式的转变下，团队组成也发生了变化，从传统的销售和计调，变成了互联网旅游产品经理、文案撰写、美工设计、运营推广和电商客服。未来，不会再有线下和线上之分，也不会有传统与现代之分，只有能够与时俱进的企业才能在市场上存活。

3. B2B 平台洗牌后再生，重获资本市场青睐

在经历了资金链断裂、倒闭跑路等重大事故后，旅游 B2B 平台（电子商务平台）经历了低谷和洗牌，如今又重获市场和资本的青睐。2019 年全国旅行社数量将突破 4 万家，除了能够直达资源端的大型社，绝大部分是需要向供应商采购产品的中小型旅行社。由于采购过程不透明、产品供应需求失衡、销售链条层级过多等，传统的企业之间的交易往往要耗费企业大量的资源和时间成本。

伴随信息化建设的加快，越来越多的企业意识到 B2B 平台在降低交易成本、避免重复投资、减少资源浪费等方面的重要作用——对于供应商来说，B2B 平台能够快速、有效地传达供应信息，直观形象地展示公司和产品的竞争力，获取更多的分销渠道；对于采购方来说，他们能够通过平台快速、方便、节约地获取采购信息。B2B 平台通过帮助产业链做减法，带来了整体的效率提升。

随着游客需求的个性化碎片化、目的地产品 SKU 丰富而分散，B2B 平台的整合效应更加突出。过去旅游 B2B 平台习惯了通过高额返点吸引大量供应商入驻以丰富在线平台的产品供应，同时通过高额补贴吸引分销商加入以提高平台的交易活跃度和流量，5% 的补贴基本是常态，7%~8% 的补贴也屡见不鲜。以高额补贴换交易流水导致刷单现象严重，甚至一些平台将沉淀资金做高风险金融投资，平台的盈利模式还有待探索。撮合交易平台的形态只是 B2B 早期的阶段，从产品到数据，再到数据的挖掘、分析、智能化应用，最终从产业链整体效率提升、供应链优化中收获价值，才是 B2B 平台的发展方向和价值所在。

面对当前平台存在的痛点，考虑到 C 端流量获取的日益高昂和未来 B 端可想象的发展空间，B2B 平台重拾资本市场的青睐。2018 年 4 月，全球旅游产品同业交易平台 PKFARE（比客）宣布获得 A 轮数千万元融资。此轮融资的投资方为民航投资基金、凯撒旅游，以及长江商学院创创基金。PKFARE 通过整合全球资源，以及智能算法，大数据和动态套期保值金融策略，以此为全球旅游业者提供智能化整体性解决方案，包括实时库存数据，最优采购价格，全天候多语言客户服务和多元化的产品组合。同月，成立于 2012 年，集国内短线、国内长线、出境旅游、自由行、邮轮等产品于一体的在线同业分销平台兼服务商——八爪鱼，宣布完成 C 轮 6 亿元战略性融资，投资方为腾邦国际，同时引进新股东蚂蚁金服和建银国际。此轮融资将有助于八爪鱼推进 S2B 战略的实施。蚂蚁金服将会协调旗下所有部门，包括网商银行、支付宝、芝麻信用，腾邦国际会协调旗下机票、海外目的地等，共同向八爪鱼提供资源与支持。

四、组团与地接的新局面

旅行服务是一种长链条的经营活动，从机票、酒店、景区等上游供应商到终端游客间还存在着如批发、零售、OTA 等诸多类型的中间服务商。组团社和地接社作为直面游客的两个环节，关系十分紧密，一个功能在于聚集客源，一个职能在于落地服务。组团与地接的关系是旅游业链条中非常典型的委托代理关系，从信息极不对称的网络前时代，到当今移动互联网普及的时代，两者间的合作模式与力量博弈正在动态演变中走向新的局面。

1. 组团与地接关系演变，OTA 是变局者

（1）网络前时代的组团与地接

在旅游业发展初期，市场化机制与信息化技术尚处于欠发达状态，信息获取的门槛较高，异地运营成本也高，在这样的时代背景下，从“区域”角度出发，逐渐形成了组团社与地接社的行业分工。组团社负责在客源地组织游客成团，地接社则负责在目的地的落地接待服务。对于客源市场，组团社拥有对市场的最新信息以及游客的兴趣趋向及时了解与把握的优势；而对于旅游目的地市场，地接社拥有着对当地的旅游资源状况以及资源的合理最优组合的优势。组团社需要地接社不断提供更新、更合理的资源组合产品，来迎合更多游客的需求。没有地接社的支持与协作，组团社也就难以获得更大的市场客源。同样，失去了组团社的市场占有份额，地接社也将随之失去业绩的进一步扩大与再提高。

这种典型的委托代理关系，虽然有效提升了行业内部的运行与合作效率，但也如其他任何行业中的委托代理关系一样存在各种问题。虽然两者是唇齿相依的合作关系，应该形成良性互动，但在组团社和地接社的关系中，拥有门店获客优势的组团社在相当长的时间内拥有较大的渠道谈判权力，相比之下，地接社多属于弱势一方。当市场从行政主导走向市场主导，随着旅行社数量的增多，竞争变得更加充分甚至日益激烈，不可避免地带来了行业整体利润率的摊薄。在有限的利润空间下，组团社与地接社的利益矛盾更加显现，而这种矛盾进入网络时代后愈演愈烈。

（2）OTA 崛起，组团功能显现，为地接提供直接出口

网络的出现拓宽了信息获取渠道，大大缓解了信息不对称，日益便利化的网络服务也使自由行成为可能。依托新的技术，以携程为代表的 OTA 凭借机票、酒店等旅游标准品迅速占领市场，成为行业的重要流量入口和关键分销渠道。作为行业的流量入口和关键大型节点，OTA 链接了越来越多的旅行服务商，既包括组团社也包括地接社，逐渐改变了传统组团与地接的生态关系。

OTA 因其流量优势为链接其上的组团社引来客源，成为组团社产品销售和获客的渠道之一。但同时，随着平台企业的自营产品上线且品类越来越多，其

经营业务的性质越来越与组团社趋同，此时两者间呈现出一定的竞争关系。在业务性质更加相近之外，OTA 渠道下沉和门店的快速扩张，也更多发挥并取代了传统组团社的功能。

由于线上的便捷性以及 OTA 积极持续布局线下门店，2019 年出现了更多承担组团角色的新零售门店，更多传统门店被洗牌出局。线下门店之所以受到各大 OTA 追逐，一是由于我国旅游需求总量持续增长，但在线渗透率仍然很低，线下门店不仅可以补齐 OTA 的服务短板，还可以获得难以通过线上渠道获取的客户，比如不习惯触网的中老年人群，还有低线城市、县城人群等。有消费数据证实：线下门店线下和线上客人重叠度非常低，只有 10% 至 20%，门店客人 80% 都不是以前线上的客人。二是线下门店极大缓解了目前线上获客成本高昂的问题。截至 2019 年第一季度，途牛已有超 530 家线下门店；驴妈妈线下门店已有 1300 多家；携程更是通过加盟并购等方式迅速线下扩张，目前已有门店近万家。2019 年 7 月，携程线下门店实现首个单日交易总额破亿的行业记录。北上广深四座城市线下门店贡献约全国门店五分之一的交易额；此外，县级门店成为黑马，订单增长迅猛。

2018 年很多地方再现“旅游一条街”，例如上海的西藏中路，这条不足 2 公里的街道上，春秋、驴妈妈、众信、国旅、金旅（原中青旅）比邻而居。在产品组合上，OTA 门店背靠的是整个平台的产品库，传统线下旅行社的上游供应商相较而言比较有限，但正通过对门店的升级改造、精准定位、提升服务等措施留住客人。未来，线下门店的竞争将愈演愈烈。

从平台与地接社关系来看，平台带来的巨大流量正在为地接社的产品提供直接出口，也为地接社提供了直接面向客户的可能，而不再是只能坐等组团社送客上门。虽然对于大多数地接社来说，这是一个艰难的转型过程，并非容易成功跳跃，基于平台的获客能力将更多来自前端的营销与后端运营能力本身，但无疑已有更多的旅行社正在做出这样的尝试，平台也正在为链接其上的供应商进行更多的赋能，此时地接社的主动掌控能力正在加强。

2. 聚焦目的地，探索“新地接”

游客需求的个性化碎片化复杂化还将持续，这就要求更多目的地单体资源者的进入，要求解锁更多更新奇的玩法，也要求更好更高效的整合服务。目的地无疑已成为各方的焦点，而地接社也会面临新一轮的竞争。在这一轮竞争中，每个地接社都需要考虑如何建立自己的壁垒，从而避免陷入价格的混战。这就要求地接社摆脱过去的被动接待的局面，充分发挥目的地优势，成为整个服务链条中更加主动的一方。

（1）目的地成为竞争的焦点，既有资源也重服务

信息获取的便利性、机票市场的透明化、公共交通的日益完善，使得游客从出发地报团出游的兴趣降低，目的地成团趋势日渐明显。在东南亚市场，传统的跟团游正在被“目的地拼团”“当地一日游”取代。携程上线的当地玩乐业务也在进一步强化这个业务逻辑。基于市场判断、信息智能技术的普及、签证的便利、交通的便捷，这种到达目的地后再根据需求进行碎片化短程、近距离组团和地接正在成为重要的市场趋势和未来业务增长点。

无论多便利的线上预订、多合理的行前规划、多完美的产品设计，游客最终需要的服务都需要在目的地落地实施，同时，随着对稀缺或碎片化资源的争夺，使得行业竞争的焦点开始聚焦于目的地，基于目的地小半径、提供围绕目的地的专业化服务正成为地接社的核心竞争力。

地接社作为最直接面向游客的服务界面，天然具备信息获取优势。尤其一线导游人员，他们是行程中陪伴游客时间最长、与游客交流最紧密的角色，能够在第一时间掌握游客的需求变化和出行动态。如果前端获得的信息能够迅速反馈至旅行社内部相关部门，及时调整产品，不断提高服务响应速度，形成反馈闭环，就会大大改善游客满意度，提高用户黏性与忠诚，形成品牌影响力。此外，地接社的资源优势、产品设计与服务能力、对突发事件的应急处置能力等都会影响游客的出行体验。

地接社不仅最直接掌握游客的需求，也最了解目的地实际情况，最熟悉当地的旅游资源和动态变化，依靠自身的供应链管理能力，承载着匹配优化游客需求和目的地供给的重要市场职能。优质的地接服务也是目的地推广的基石，前端的目的地营销只有与后端的服务接待能力相匹配，才能最大限度夯实并放大目的地吸引力。

（2）在线旅行服务商切入地接服务领域

移动互联网的普及让资讯获取空前方便，游客出行准备的时长越来越短，即使如中远程的出境市场也面临同样趋势。在当今消费升级的大背景下，越来越多的人开始重视深度体验的满足感，定制游正在逐渐走向大众。旅行的目的已不再仅仅是单纯的消遣和娱乐，消费者更倾向于得到物质需求和精神需求的双重满足，其中情感和情绪的经历尤其重要，这同时对游客在当地的游玩向导

和碎片化产品提出了更高的要求。同时，随着机票、酒店标准品的竞争和利润空间都变得更加透明，游玩度假等目的地产品成为各大旅行服务商的必争之地。

面对这个拥有巨大潜力且未被充分挖掘的市场，显然大多数习惯了常规团游和等客上门的地接社并未做好相应的准备，对于如何满足不断变化的游客需求，如何应对碎片化的独特需求，如何提升地接服务能力与质量，成为众多传统地接社面临的重大挑战。当地接服务提升速度无法跟上游客需求变化的速度，就很容易成为制约游客体验的短板。

于是，很多在线旅行服务商也开始切入地接服务领域，包括处理游客出行中的意外事件，提供即时攻略、本地一日游攻略，满足游客交通服务、购物等各种需求。这种即时化的需求，也使得以往一个完整的旅游套餐，被拆成了类似签证、电话卡、当地一日游、景点门票，甚至是导游服务这样的“碎片产品”，分开销售，对供应链能力考验明显。

近年来，途牛自建随往地接社，携程上线当地玩乐业务并战略投资北美两大地接社，同程在全国部署“直营体验店”，穷游也在海外开设了 Q–Home 中心，它可以被看作是“信息中心 + 特色地接社 + 海外办公室”的组合。至此，地接服务领域面临着新一轮的发展与竞争，组团与地接功能的一体化趋势更加明显。

（3）新地接：从“来料加工被委托”到“主动创新打品牌”

在传统的运作模式下，地接社是较为被动的一方，需要组团社或平台向其输送客源。当其与组团方良性互动时，双方可以形成积极的合作关系，并共同完成产品研发环节；当其与组团方无法良性互动时，就会出现服务质量下降、强制消费、无法回款等恶性事件。无论哪种情况，都是传统模式运作下行业中常见的状态。

在网络化运营时代，这种局面正在改变，地接社有可能实现从“来料加工被委托”向“主动出击打品牌”的转变，更加积极主动作为，实现角色转换。作为同时了解游客和目的地的居间方，主动出击可体现在诸多方面：

第一，基于需求分析的目的地资源深挖和产品研发与品控，是地接社能够做到并有可能建立起竞争门槛的可行路径。随着文化和旅游的深度融合，对内涵式产品和深度体验的爆发性需求，都要求目的地的文化资源旅游产品化、旅游产品研发与打磨的精细化，而这恰恰是地接社最擅长的领域。同时，又天然地可以以低成本的方式实现产品研发与市场测试的同步完成，并依托数据实现产品的快速迭代升级。

第二，当目的地成为竞争主战场时，在组团地接关系博弈动态变化下，在组团地接一体化趋势下，在全球“直客浪潮”席卷下，地接社应在供应链中发挥更加重要而积极的角色，不断加强之前未重视的获客能力，改变“闷声挣钱”的模式和认知，通过品牌打造和服务创新，向市场释放积极信号，降低交易成本。围绕目的地，构建多渠道投放和场景化的营销能力，打造后端高效智能的运营系统，是地接提高盈利能力的重要支撑。

作为最直接接触游客的界面，地接社开始重新审视自己的定位。随着市场细分越来越明显，小众市场不断涌现、获客成本不断攀升，服务好顾客只是地接社应做到的最基本的层面，如何维系并运营好顾客，有效地管理其全生命周期价值，才是地接社应思考的重要问题。人与人的联结是旅行服务中最具温情的部分，导游和领队等一线服务人员应重新思考自身与游客的关系。越来越多的导游可能会成为独立的个人品牌，就如同独立制片人、独立设计师一样成为客户心目中的那个对的人。

面对需求升级的挑战，面对更加激烈的市场竞争，地接社如何自我突破、升级迭代、实现创新发展是摆在当下的重要问题，而这个问题的答案只能来自地接社自身，通过不断的思考、探讨、摸索、尝试，甚至是试错而寻得。

作为头部在线旅行服务商，途牛在2015年成立了自营地接社品牌——“随往”。以游客满意为核心理念，采取途牛随往一体化的模式打通平台资源与前端服务，通过技术赋能精细运营，以规范操作提升效率，以价值观引领、制度建设、人本管理、数据建设创新中国地接服务发展，取得了显著成果。这是地接社革故鼎新的成功尝试，引领着地接社在突破传统运营模式方面迈出了重要一步，事实上也为传统旅行服务业态如何与新业态真正融合共生提供了一条可行路径。在这种开放式的理念下，旅行服务商不再区分线上线下，不再区分传统与新兴，两者相互支撑相互赋能，成为有机的一体，共同的目标都是为了让游客体验更加美好的异地生活，让旅行成为人与人之间最美的联结。

第四章

旅行服务的公共供给需要行政主体和市场主体协同创新

政策供给是旅游行政主管部门的重要职责，良好的旅游市场秩序是旅游业高质量发展的前提，也是行政主管部门核心监管目标之所在。公共服务在经典理论下被认为是“市场失灵”状况下的替代性解决方案，在游客不断进入目的地生活空间的趋势下，公共服务水平也成为影响游客满意度的重要因素。

一、从“市场失灵”到“市场参与”，政府与市场边界移动

1. 从“市场失灵”到“市场参与”

行业监管与公共服务是公共部门的重要职责，在传统视角下，公共部门是解决“市场失灵”的重要机制。在传统视角下，公共服务业是低效率产业，将会带来财政支出和社会成本的上升，甚至有公众认为，公共服务投入的持续增长会带来经济增长率的下降。

然而，网络与数字技术不仅颠覆了旅游产业的格局，也正在冲击着原有的公共治理模式。进入网络时代后，社会管理和公共服务的需求在持续增长，公共部门无论在监管还是在公共服务领域，都无法再独立完成这个课题，一方面是成本的不断上升，一方面是公共部门的运行机制受限，而市场却可以更加灵活地解决这些问题。这个变化不只是中国面临的问题，不只是旅游业面临的问题，而是一个全球普遍的问题。

以往公共服务与市场分割而治的情况正在发生改变，产业的快速变革、量级平台的出现，都在挑战公共私营的二分治理模式，而且没有现成的模式可以参考。技术带来的变革，不仅促进了产业间融合和产业间边界的消失重构，在新型公共秩序的形成过程中，公共与私营领域的边界也在模糊化，行政主体与市场主体，甚至包括消费主体协同创新的机制还需要更多的探索与探讨。在网络高度发达的今天，公共服务与公共治理正面临着前所未有的挑战，也需要探索市场主体广泛参与的公私共治共建体系。

2. 政府与市场的边界移动

企业对社会责任的承担最初来自企业负外部性的补偿，在商业文明的发展中，企业承担社会责任逐渐成为普遍被市场认可的行为，但更多是以公益的形象展示，并未以商业化的方式来介入公共领域的运营。但随着网络时代的到来，公众对于公共服务的需求日益增加，政府的财政负担日益加大，且激励机制难以充分实现，其提供公共服务的成本居高不下。在这种情况下，企业开始介入

公共领域，且突破了原有的纯公益模式，而是能够形成可持续的商业模式，实现了政府与市场原有边界的移动。

这种边界的移动不仅体现在公共服务领域，更体现在市场监管层面。旅游行政主管部门对旅行服务业的监管主要以《旅游法》《旅行社管理条例》《导游管理办法》等法律法规为主，面对发展日新月异的产业实践，因修订的程序和流程耗时较长，法律法规的修订往往无法保持与产业上的同步，且产业实践中的诸多细节无法以文字的形式全部写进法规，还必须依靠其他监管力量。以零负团费、强制购物为例，以法律法规方式仅能明确零负团费的不合法性，但在实际监管中存在很明显的量度成本。尤其在平台型企业出现后，平台内部本身形成了局部市场环境，平台上需要处理的纠纷和问题的数量已很巨大，完全依靠政府的监管力量远远不够，必须探索多主体共治的监管模式。

二、政府与市场共治的新型治理模式

1. 行政监管持续，逐步探索旅游领域信用体系建设

良好的旅游市场秩序是旅游业高质量发展的前提和保证。为促进高质量发展，近年来各级旅游行政主管部门采取了一系列措施。然而，从《旅行社管理条例》修订，到一场接一场的市场整治行动，旅行社似乎成了旅游服务质量的“背锅侠”，政治地位和行业声誉日渐下降。作为连接交通、住宿、景区、餐饮、购物等单点资源的旅行社，本身就是在链条式的动态环境中为游客提供整合服务，其服务难度比单体经营者要高，面临的不确定性和风险也更大。根据《中华人民共和国旅游法》和《旅行社管理条例》，无论是由于酒店、车辆、导游等任何履约辅助方的原因而造成的伤害和损失，旅行社都是第一责任承担人。作为直接面向游客的服务界面，游客也养成了在遇到问题时第一时间找旅行社，问题不能得到解决时直接投诉旅行社的习惯，造成了旅行社被投诉比例的常年高企。

2018 年以来，旅游行政主管部门针对旅游服务质量提升，发布了一系列指导性政策措施。从现行监管导向来看，应从惩戒性政策行业指导与治理理念以负面惩戒为主，转向正面引导、鼓励自治的思路上来，探索旅游领域的信用体系建设，以迭代原有的保证金、准入制度等政策。

2018 年 12 月 21 日，文化和旅游部印发《旅游市场黑名单管理办法（试行）》

（文旅市场发〔2018〕119号），旨在维护旅游市场秩序，加快旅游领域信用体系建设，促进旅游业高质量发展。该文件指出，文化和旅游行政部门或者文化市场综合执法机构要将严重违法失信的旅游市场主体和从业人员、人民法院认定的失信被执行人列入全国或者地方旅游市场黑名单，在一定期限内向社会公布，实施信用约束、联合惩戒等措施。文件中明确，地市级及以上文化和旅游行政部门或者文化市场综合执法机构按照属地管理及"谁负责、谁列入，谁处罚、谁列入"的原则，将违反办法规定条款的旅游市场主体和从业人员列入本辖区旅游市场黑名单。（详见附件1）

2019年1月16日，文化和旅游部印发《文化和旅游部关于实施旅游服务质量提升计划的指导意见》（文旅市场发〔2019〕12号），指导意见围绕解决影响广大游客旅游体验的重点问题和主要矛盾，提出了提升旅游区点服务水平、优化旅游住宿服务、提升旅行社服务水平、规范在线旅游经营服务、提高导游和领队业务能力、增强旅游市场秩序治理能力、建立完善旅游信用体系7项任务，要求政府要加强和改进市场监管，市场主体要落实主体责任，行业组织要发挥协调作用和行业标准引领作用。指导意见指出旅行社是整合旅游要素的龙头企业，也是服务质量问题比较集中的领域。要针对旅行社服务不规范、不透明、不诚信等重点问题，不断提高服务水平。（详见附件2）

2. 大型平台型企业正践行主动治理

市场的监管是政府部门的重要职责，但平台型企业产生后在政府和市场之间加进了"平台"这个具备双重性质的跨界组织形态，有众多市场主体在平台上从事经济活动和社会交往，形成了局部市场。政府以往针对单个企业市场的监管，从理念、政策、手段以及人员结构等方面都还不能很好地适应新的需要。

以携程、马蜂窝、同程、途牛等平台型企业为例，平台上聚集了数以万计的商家和更大量级的消费者，提供的商品和服务品类繁多、类目庞大，已形成了一个高度联通、高度社会化的公式和协同网络。平台的供应商类型多样、交易流水巨大，因此，要处理的纠纷也会成倍增加，一旦处置失当或迟缓，就会造成巨大影响。这种情况下，外部监管很难有效跟进，但内部又需要及时解决问题，因此平台自然承担起这个局部市场的协调和监管职能。平台企业通过直接参与和间接管理确保了市场治理机制的效果，还代理实施了行政治理机制，成为规制市场的第三种力量。

大型企业和平台型企业对局部市场的治理，相较于政府而言有显著的优势，体现出协商、精准、灵活、民主和有限治理的特征。如今，越来越多的企业以发布企业标准等制度化建设来实现主动治理。在管理手段上，标准化是过去四十年发展旅游行之有效的抓手，主要是政府行政主管部门在推动，市场主体更多是被动的参与者。为推进旅行服务业的高质量发展，既要考虑强制和推荐性的国家标准（GB）、地方标准（DB）、行业标准（LB），更要鼓励企业颁发自己的标准，并以此为抓手推进高质量发展。

2019 年 7 月，携程发布了《携程定制平台供应商管理标准》，并针对定制行业人才培养发布了《携程 C+ 定制师培训认证项目》。这两项企业标准已经在携程平台上 1500 多家定制社实施，已经培训认证了 6000 多名初中高级定制师。《携程定制平台供应商管理标准》首次清楚地定义了定制游内涵以及相关术语，其中包括综合解决方案供应商和单项资源供应商；另外还从准入要求、服务规范、质量考核办法、安全生产要求、信息安全规范、供应商退出机制等多维度对平台供应商进行管理。据了解，在携程定制平台上的定制师，需要在规定的时间内出方案，国内短途 2 个工作小时，国内长线 4 个工作小时，海外短线 6 个工作小时，海外长线 10 个工作小时。携程希望借此大幅提升中国旅游业服务标准，模范履行平台的社会责任，这也是具体执行高质量发展对旅行服务商要求的实践表现。

3. 秩序再造、协同治理、赋能监管

当企业广泛而深入地介入公共领域，原有的政府、市场二分而治的模式已被打破，在新型政商关系构建理念的指导下，新型政商共治的模式正在悄然发生。网络与数字时代，公共治理，特别是政府与市场的边界的重新划分是重要的问题，需要加强对新的公共服务标准、新的利益权衡方式、新的监管准则的研究。尤其对于散客化时代的公共接待体系建设，必须依靠多主体共建的方式实施，两者在合作与平衡中实现市场秩序的再造。

随着企业在公共领域积累了大量的数字资源，一方面，开放这些数据、进行深度的挖掘可以创造新的生产力反哺公共效能，以技术和信息为政府监管赋能，提升其监管能力和水平；另一方面，在市场主体对数据的使用过程中产生的问题与收益如何划分责任边界，也是当前需要探讨的重要问题。当大型企业掌握了海量出行数据，如何能够保护游客的隐私，如何能够统筹考虑个人信息保护、技术和商业模式创新、竞争效率和产业安全等多个目标，是未来新型治理模式不可回避的问题。同时，政府如何对介入公共领域的企业进行干预，以避免大型企业或平台型企业有损害公众利益的行为，也需要创新性的探索，才能够实现多主体的协同治理。

三、公共服务领域的多元主体供给

1. 旅游公共服务提升是旅游业高质量发展的重要维度

2018 年 12 月，中共中央办公厅、国务院办公厅印发《关于建立健全基本公共服务标准体系的指导意见》，明确要从国家、行业、地方、基层 4 个层面构建基本公共服务标准体系，并提出涵盖社会服务、公共文化体育等 9 个领域的国家基本公共服务质量要求。

2019 年 3 月 22 日，国务院办公厅印发《关于促进全域旅游发展的指导意见》（简称《意见》），其中提出要加强基础配套，提升公共服务。《意见》提出，要扎实推进“厕所革命”，完善综合交通运输体系，改善公路通达条件，推进旅游休闲设施建设，构建畅达便捷交通网络。积极完善集散咨询服务体系，规范完善旅游引导标识系统。完善和实施服务标准，加强涉旅行业的人员培训，强化服务品牌建设，利用高科技手段完善智能化旅游服务系统。

当游客不再只坐在旅游大巴上从一个景区打卡到另一个景区，当游客越来越多地进入目的地全域生活空间，当游客到访一个目的地时要去逛一下当地的菜市场，此时游客的体验已不再只取决于旅行服务商的产品和服务，还在很大程度上取决于目的地公共治理水准和公共服务水平。以畅达便捷的交通网络、完善的集散咨询服务、规范的旅游引导标识和干净舒适的厕所卫生服务等为标志的旅游公共服务体系，是全域旅游发展的重要基础，也是现代化城市建设的重要部分。一个成熟有吸引力的旅游城市，不仅要有好的旅游资源，更要有好的旅游业管理水平，过硬的公共服务。散客化出行依赖的主要是公共服务，现阶段对于全域旅游的公共服务的要求，即在于构建面向散客的旅游接待与供给体系，这也是我国旅游服务中长期存在的“最后一公里”问题。随着大众旅游时代的到来，旅游公共服务供给问题也更加凸显，建设完善、优质、高效、普惠的旅游公共服务体系，是旅游业转型升级、提质增效的内在要求，也是旅游业向高质量发展的重要保障。

2. 市场力量正广泛介入公共服务体系

为民众提供旅游公共服务是公共部门职责所在，但行政主管部门虽能解决普遍存在的问题，却不能解决高成本的问题，同时政府机构对提高效率和创新的激励相较私营部门也存在差距。当游客总量持续增长、出游次数不断增加，公共服务的投入和成本都在持续增长，公共部门的负担也在加重。随着信息技术高度发达，网络广泛渗透，社会高度联通，许多公共服务效率极大提升。伴随着行业内量级平台型企业的出现，它们成为市场主体网络中的重大节点，也不可避免地进入了公共服务提供的供给体系。

一些以往由政府提供的公共服务在新的时代背景下逐步具备了商业化的条件，此时政府与市场的边界发生了变化。过去，企业也会主动提供某些领域的公共服务，但更多是以公益或慈善的方式来展开，且很难保证持续性的投入，往往影响最终的效果，而且无法形成长效机制。然而，当今时代，许多企业踏入公共服务领域，是因为这类服务已经可以商业化运营，并且与政府提供服务时相比，成本相同甚至更低。

以文化服务为例，公共文化设施的效能一直是各方关注的焦点。过去，音乐会、剧院等艺术表演现场票价昂贵，普通民众难以承受，政府可以通过补贴向社会提供一些低票价的公益性演出，但由于补贴有限，受惠人数很少。现在，卫星电视和互联网将大量艺术表演送达全国甚至世界各地，普通消费者可以用极低成本甚至免费观赏大量演出，供给效率极大提升。2016 年，我国全年走进音乐厅的现场观众仅为 628 万人次，其中享受低价补贴的人数不足 60 万。而现在我国网络音乐用户数规模达 5.5 亿，依托互联网的数字音乐已经成为大众音乐消费的主流市场，其规模、多样性、价格和可得性都是以往公共文化服务无法比拟的。

博物馆作为公益性极强的公共服务提供方，随着近年民众对博物馆旅游的需求爆发，正在尝试用多种方式来释放自身的公益效能，以更低的成本为更多的民众服务。一方面，互联网企业对公共文化领域的介入，让更多的公共服务的效能迅速放大，在对艺术作品等人类文明所有成果进行数字化记录方面做出了巨大贡献；而另一方面，企业也正在获得更加有价值的数据。

2011 年 2 月 1 日，谷歌正式上线艺术计划，与全球各地数百家艺术机构合作，利用谷歌街景技术拍摄博物馆内部实景，并且以超高解析像拍摄馆内历史名画，供全球网民欣赏。2012 年，谷歌艺术计划触地中国。类似地，百度百科博物馆计划也通过技术的进步给历史文物的呈现方式带来了更多的可能，为文化的传承提供了更好的途径。百度百科博物馆计划是百度百科于 2012 年发起的文博艺术权威科普公益项目，借助全景、VR、AR、3D建模、图像识别等技术手段，让用户通过互联网足不出户逛博物馆，随时随地感受全球文明。2017年，腾讯发布“腾讯艺术+计划”，上线“博物官”小程序，联手100家博物馆，让用户轻松逛懂博物馆。用户可以打开微信，在搜索栏输入“博物官”，打开“博物官”小程序，遇到不懂的名画用它拍照识别就可知道画作背后的故事。正是这些大型互联网企业的介入，让艺术这个小众的概念，正以加速度走向老百姓的生活，放大艺术的影响力。

3. 公共领域集聚流量，流量催生商业模式创新

公共服务的受众人数量巨大，在网络前时代，很多无法以规模化的方式提供，因此服务效率低且成本高。随着网络技术生活和产业的深度颠覆，一项服务可以通过更加便捷的方式、以更低的成本送达众多公众，规模经济与范围经济都极为显著。正因为公共服务都是普遍性服务，受众广泛，因此能够在一个领域内快速聚集大批用户，形成正反馈。在互联网时代，关注力的争夺是竞争的焦点，用户量越大，就会有更多的人关注，就可能实现“羊毛出在猪身上”的模式与商机，尤其是平台的媒体价值的显现。当互联网巨头们都扎进了博物馆这个文化领域，在向更多的公众传递公共服务的同时，企业也正在积聚着前所未有的庞大数据，这是不可忽略的战略资产。企业利用这些数据，通过更深层次的挖掘，能够更快地实现公共服务的迭代，能够调节供需的匹配程度，能够平抑淡旺季的需求。当互联网去中介化属性消除了公共服务传递中大量的中间环节，不仅可以使供需两端直接对接，还能够实现服务的精准加载。

以智慧城市建设为例，旅游公共服务已是智慧城市建设的重要部分，互联网巨头们对这一领域的布局早已开始，且竞争愈演愈烈。腾讯与云南省政府合作的“一部手机游云南”是典型的公私共建共治的尝试，该项目的初衷是让游客通过一部手机即可完成“吃、住、行、游、购、娱、养”等全方位智能服务，实现“游客旅游体验自由自在”“政府管理无处不在”，让游客带手机游云南——说走就走，全程无忧。2012年以来我国已经发布了3批国家智慧城市试点，共计290个城市。截至2018年年初，我国95%的副省级城市、83%的地级城市，总计超过500个城市均在规划或正在建设智慧城市，项目几乎全部外包给几个大型互联网平台企业来建设和管理。

以公共服务中广受关注的“厕所革命”为例，我国的旅游厕所主要有五种商业模式作为参考，包括委托模式、认养模式、“厕商”捆绑、政府监督企业自负盈亏以及 PPP（Public-Private Partnership）模式。通过政府扶持资金，带动更多的社会资金投入到厕所革命中，逐步形成政府投入为导向、企业投入为主体、社会投入为重要渠道的多元化投融资体系。未来，也将进一步引导金融业加大对厕所投资的信贷支持，为厕所项目建设提供便利融资服务。为进一步推进“旅游厕所革命”的进程，国家旅游局和民资企业都在探索新的管理模式。2018 年 2 月 26 日，根据国家旅游局统计数据显示，自全域旅游厕所导航系统上线一个月以来，共有近 1500 万人次使用了该系统的服务，平均每天有近 50 万人次登录。除了国家旅游局的“大数据模式”外，民资企业也在多地展开了对“厕所 +”模式的探索。推广 PPP 模式、提供特许经营权、承包经营、大中型企业冠名赞助、企业出资政府回购等模式；支持引进专业化、集团化、连锁经营的厕所管理公司管理；开发全省厕所电子地图和 APP，用科技和智慧推进“厕所革命”新三年计划，逐步实现以商建厕、管厕、养厕新模式。

附件 1　旅游市场黑名单管理办法（试行）

第一条　为维护旅游市场秩序，加快旅游领域信用体系建设，促进旅游业高质量发展，依据《中华人民共和国旅游法》《中华人民共和国行政许可法》《中华人民共和国政府信息公开条例》《旅行社条例》和《国务院关于印发社会信用体系建设规划纲要（2014—2020 年）的通知》（国发〔2014〕21 号）、《国务院关于建立完善守信联合激励和失信联合惩戒制度加快推进社会诚信建设的指导意见》（国发〔2016〕33 号）等有关规定，制定本办法。

第二条　本办法所称旅游市场黑名单管理，是指文化和旅游行政部门或者文化市场综合执法机构将严重违法失信的旅游市场主体和从业人员、人民法院认定的失信被执行人列入全国或者地方旅游市场黑名单，在一定期限内向社会公布，实施信用约束、联合惩戒等措施的统称。

旅游市场主体包括旅行社、景区、旅游住宿等从事旅游经营服务的企业、个体工商户和通过互联网等信息网络从事提供在线旅游服务或者产品的经营者；从业人员包括上述市场主体的法定代表人、主要负责人以及导游等其他从业人员。

第三条　文化和旅游部负责制定旅游市场黑名单管理办法，指导各地旅游市场黑名单管理工作，建立全国旅游市场黑名单管理系统，向社会公布全国旅游市场黑名单。

省级、地市级文化和旅游行政部门负责本辖区旅游市场黑名单管理工作，向社会公布本辖区旅游市场黑名单。

第四条　地市级及以上文化和旅游行政部门或者文化市场综合执法机构按照属地管理及“谁负责、谁列入，谁处罚、谁列入”的原则，将具有下列情形之一的旅游市场主体和从业人员列入本辖区旅游市场黑名单：

（一）因侵害旅游者合法权益，被人民法院判处刑罚的；

（二）在旅游经营活动中因妨害国（边）境管理受到刑事处罚的；

（三）受到文化和旅游行政部门或者文化市场综合执法机构吊销旅行社业务经营许可证、导游证处罚的；

（四）旅游市场主体发生重大安全事故，属于旅游市场主体主要责任的；

（五）因侵害旅游者合法权益，造成游客滞留或者严重社会不良影响的；

（六）连续 12 个月内两次被列入旅游市场重点关注名单的（重点关注名单管理办法另行制定）；

（七）法律法规规章规定的应当列入旅游市场黑名单的其他情形。

将人民法院认定的失信被执行人列入旅游市场黑名单。

第五条　各级文化和旅游行政部门可以通过政府信息共享机制、人民法院网站等多种渠道获取符合第四条第一款第（一）项、第（二）项和第二款规定情形的信息。

第六条　将旅游市场主体和从业人员列入旅游市场黑名单前，列入机关应履行告知或者公示程序，明确列入的事实、理由、依据、约束措施和当事人享有的陈述、申辩权利。自然人被列入旅游市场黑名单的，应事前告知。

旅游市场主体和从业人员在被告知或者信息公示后的 10 个工作日内，有权向列入机关提交书面陈述、申辩及相关证明材料，列入机关应当在 15 个工作日内给予书面答复。陈述、申辩理由被采纳的，不列入黑名单。陈述、申辩理由不予以采纳的，列入黑名单。

列入前，列入机关应将旅游市场主体和从业人员信息与全国信用信息共享平台各领域“红名单”和地方设立的各领域“红名单”进行交叉比对，如“黑名单”主体之前已被列入“红名单”，应将相关信息告知“红名单”列入部门，列入部门将其从“红名单”中删除。

第七条　文化和旅游行政部门或者文化市场综合执法机构向严重违法失信当事人下达《行政处罚决定书》时，应当提示其被列入旅游市场黑名单的风险，或者告知其被列入市场黑名单。

第八条　旅游市场主体和导游跨区域从事违法违规经营活动，被违法行为发生地文化和旅游行政部门或者文化市场综合执法机构发现具有本办法第四条第一款第（三）项情形的，应当通报旅游市场主体所在地和导游证核发地同级文化和旅游行政部门或者文化市场综合执法机构，由旅游市场主体所在地和导游证核发地相应机构负责列入旅游市场黑名单。

第九条　旅游市场主体黑名单信息包括基本信息（法人和其他组织名称、统一社会信用代码、全球法人机构识别编码、法定代表人姓名及其身份证件类型和号码）、列入事由（认定严重违法失信行为的事实、认定部门、认定依据、认定日期、有效期）和其他信息（联合奖惩、信用修复、退出信息等）。

从业人员黑名单信息包括基本信息（姓名、公民身份证号码、港澳台居民的公民社会信用代码、外国籍人身份号码）、列入事由（认定严重违法失信行为的事实、认定部门、认定依据、认定日期、有效期）和其他信息（联合奖惩、信用修复、退出信息等）。

第十条　旅游市场黑名单实行动态管理。

因本办法第四条第一款第（二）项情形列入黑名单的，黑名单信息自公布之日起满 5 年，由列入机关自届满之日起 30 个工作日内移出旅游市场黑名单。

因本办法第四条第二款情形被列入黑名单的，在人民法院将其失信信息删除后 10 个工作日内由列入机关移出旅游市场黑名单（同时符合本办法第四条第一款情形的除外）。

因本办法其他情形列入黑名单的，黑名单信息自公布之日起满 3 年，或者在规定期限内纠正失信行为、消除不良影响的（不含本办法第四条第一款第（三）项规定之情形），由列入机关自届满之日起 30 个工作日内移出旅游市场黑名单。

省级、地市级旅游市场黑名单信息移出前，移出机关须向上一级文化和旅游行政部门报告。上级文化和旅游行政部门有权撤销下级文化和旅游行政部门的黑名单移出决定。

第十一条　列入旅游市场黑名单所依据的行政处罚决定被撤销的，文化和旅游行政部门或者文化市场综合执法机构应当自行政处罚决定被撤销之日起 30 个工作日内，将相关市场主体和从业人员信息移出旅游市场黑名单。

第十二条　文化和旅游行政部门或者文化市场综合执法机构应当按照“谁列入、谁负责，谁移出、谁负责”的原则，及时将旅游市场黑名单列入、移出信息录入全国旅游市场黑名单系统。

各级文化和旅游行政部门应当通过其门户网站、地方政府信用网站、全国旅游监管服务平台、国家企业信用信息公示系统、“信用中国”网站等渠道发布本辖区旅游市场黑名单，实现信息共享。

对涉及企业商业秘密和个人隐私的信息，发布前应进行必要的技术处理。

第十三条　文化和旅游行政部门、文化市场综合执法机构应当对列入旅游市场黑名单的旅游市场主体和从业人员实施下列惩戒措施：

（一）作为重点监管对象，增加检查频次，加大监管力度，发现再次违法违规经营行为的，依法从重处罚；

（二）法定代表人或者主要负责人列入黑名单期间，依法限制其担任旅游市场主体的法定代表人或者主要负责人，已担任相关职务的，按规定程序要求变更，限制列入黑名单的市场主体变更名称；

（三）对其新申请的旅游行政审批项目从严审查；

（四）对其参与评比表彰、政府采购、财政资金扶持、政策试点等予以限制；

（五）将其严重违法失信信息通报相关部门，实施联合惩戒。

文化和旅游行政部门应对列入旅游市场黑名单的失信被执行人及其法定代表人、主要负责人、实际控制人、影响债务履行的直接责任人员在高消费旅游方面实施惩戒，限制其参加由旅行社组织的团队出境旅游。

第十四条　省级、地市级文化和旅游行政部门认为部分违法失信行为确需列入上一级旅游市场黑名单、实施更大范围惩戒的，应向上一级文化和旅游行政部门申请并经其复核确认后列入。

省级文化和旅游行政部门可直接将部分严重违法失信行为列入省级旅游市场黑名单，在本省辖区内实施惩戒。

文化和旅游部可直接将部分严重违法失信行为列入全国旅游市场黑名单，在全国范围内实施惩戒。

第十五条　鼓励黑名单主体通过纠正失信行为、消除不良影响等方式修复信用。黑名单主体修复信用后，文化和旅游行政部门按照相应程序将其移出黑名单。

因本办法第四条第一款第（五）（六）项情形被列入黑名单的，可在列入之日起 3 个月内向列入机关提出信用修复申请，并在 3 个月内完成信用修复。

修复信用由列入机关组织，包括以下内容：

（一）公开信用承诺。承诺内容包括依法诚信经营的具体要求、自愿接受社会监督、违背承诺自愿接受联合惩戒等。信用承诺书须通过当地文化和旅游行政部门网站、全国旅游监管服务平台、“信用中国”网站同步向社会公布。

（二）参加信用修复专题培训。培训时长不少于 3 小时，接受信用修复培训情况记入失信主体信用记录，纳入全国信用信息共享平台。

信用修复应按照相关要求逐步规范。

第十六条　支持行业协会对列入旅游市场黑名单的会员进行警告、通报批评、公开谴责，并采取取消评优创先资格等惩戒措施。鼓励社会组织和个人对列入旅游市场黑名单的主体进行监督，发现违反旅游市场有关法律法规的，可以向文化和旅游行政部门或者文化市场综合执法机构举报。

鼓励行业协会参与信用风险提示和信用修复工作。

第十七条　文化和旅游行政部门、文化市场综合执法机构或者工作人员在旅游市场黑名单管理过程中滥用职权、玩忽职守、徇私舞弊的，应当依法追究责任。

第十八条　省级、地市级文化和旅游行政部门可根据需要，按照本办法的认定标准，制定本级旅游市场黑名单管理办法，并报请本级人民政府、上一级文化和旅游行政部门审定后实施。

除按照本办法认定标准制定的黑名单管理办法外，地方各级文化和旅游行政部门在旅游市场管理过程中自行设置黑名单及列入情形的，不纳入全国旅游市场黑名单管理系统，不纳入全国联合惩戒范围。

第十九条　本办法由文化和旅游部负责解释，自印发之日起施行。《国家旅游局办公室关于印发〈旅游经营服务不良信息管理办法（试行）〉的通知》（旅办发〔2015〕181 号）同时废止。

文化和旅游部

2018 年 12 月 21 日

附件 2　文化和旅游部关于实施旅游服务质量提升计划的指导意见

各省、自治区、直辖市文化和旅游厅（局），新疆生产建设兵团文化体育新闻出版广电局（文物局）、商务局（旅游局）：

旅游是新时代人民美好生活和精神文化需求的重要内容，是人民群众获得感和幸福感的重要体现，是展示国家形象和国民素质的重要窗口。良好的旅游市场秩序是企业依法诚信经营和公民文明素养的集中反映，也是社会综合治理水平的集中体现。经过几十年的快速发展，我国旅游业正在进入提高管理服务水平、提升旅游品质的大众旅游新阶段。当前，旅游市场中存在的虚假宣传、强迫消费、安全卫生等问题在有些地区依然较为突出。为进一步提高旅游管理服务水平，提升旅游品质，推动旅游业高质量发展，根据《中共中央国务院关于开展质量提升行动的指导意见》（中发〔2017〕24 号），现就实施旅游服务质量提升计划提出如下意见。

一、总体要求

（一）指导思想

以习近平新时代中国特色社会主义思想为指导，按照“创新、协调、绿色、开放、共享”的发展理念，着力解决影响广大游客旅游体验的重点问题和主要矛盾，推动旅游业高质量发展。

（二）基本原则

——坚持政府、市场主体、行业组织、个人 4 个层面协同推进。

——坚持加强和改进市场监管，完善旅游管理政策，支持、引导和规范市场主体健康发展。

——坚持落实市场主体责任，增强内生动力，提高旅游服务提供者提升旅游服务质量的自觉性。

——坚持发挥行业组织的协调作用和行业标准的引领作用，强化行业自律，提升旅游管理和服务水准。

——坚持提升从业人员专业素养和业务能力，调动广大从业人员提升旅游服务质量的积极性和主动性。

（三）发展目标

到 2020 年，促进旅游服务质量提升的政策合力进一步增强，市场秩序进一步规范，旅游的舒适度进一步提升，旅游市场环境和消费环境进一步改善，旅游服务成为中国服务的重要代表，为质量强国建设做出积极贡献。

二、主要任务

通过提升旅游区点、旅行社的服务水平，规范和优化旅游住宿、在线旅游经营服务，提高导游和领队业务能力，建立完善旅游信用体系，不断增强旅游市场秩序治理能力，提升旅游服务质量，推动旅游业高质量发展。

（一）提升旅游区点服务水平

旅游区点是主要的旅游场所，是激发游客出游需求的重要因素。持续提升旅游区点软硬件水平，对提高旅游服务质量具有重要意义。

政府行动：

1. 完善、细化、落实 A 级旅游景区复核和退出机制，坚决清退不符合标准的 A 级旅游景区。

2. 全面落实景区流量控制制度，加快推广景区门票网上预约制度，依法落实旅游景区最大承载量核定要求，及时发布客流预警信息，引导游客合理安排出行，避免滞留拥堵。

3. 严格实施旅游度假区和生态旅游示范区标准，加大复核工作力度。

4. 持续抓好全国红色旅游经典景区建设。

市场主体和行业组织行动：

1.A 级旅游景区要完善旅游引导标识，标识应布局合理、科学设置、制作精良。5A 级旅游景区应采用至少有中英文的导览标识，中英文对照说明要准确、科学，不能有错字、错译和语病。

2.A 级旅游景区应提升游客消费便利化程度，景区消费不得拒收现金，5A 级旅游景区可协调增设外币兑换点。

3.A 级旅游景区和具备条件的行业组织应针对景区管理人员、一线服务人员开展管理实务、日常业务、应急处置等培训，提升服务专业性。

（二）优化旅游住宿服务

旅游住宿业是旅游业的重要支柱，也是提高旅游服务质量的关键领域。近年来，旅游住宿业在卫生方面的问题频发，引发社会广泛关注。要全面落实标准化、规范化服务，发展和改善个性化、特色化服务，持续提高服务水平。

政府行动：

1. 加快修订星级饭店国家标准，强化星级饭店评定复核工作，建立动态监管机制。联合相关部门对卫生、食品安全、消防安全等重点环节开展抽查，对不达标的星级饭店坚决取消星级。

2. 以星级饭店为基础，开展旅游住宿业监管试点工作，研究制定管理办法，探索有效监管方式。

3. 加强对旅游住宿新业态的引导和管理。加强旅游住宿新业态标准的制定和推广，完善乡村旅游服务标准，推动民宿行业标准全面实施，出台《旅游民宿设施与服务规范》国家标准，推动乡村民宿服务质量提档升级。引导和规范城市民宿有序发展。出台支持政策，加快培育一批特色鲜明的文化主题旅游饭店、精品旅游饭店。进一步提高汽车露营地、汽车旅馆等住宿新业态的服务水平。举办旅游住宿业服务技能竞赛活动。

市场主体和行业组织行动：

1. 星级饭店应提升游客消费便利化程度，不得拒收现金。高星级饭店可协调增设外币兑换点，能为境外游客提供手机卡入网、购买火车票、租车等方面的便利服务。

2. 星级饭店要优化对一线服务人员的奖惩措施，进一步增强服务人员的职业责任感。

3. 民宿业主和从业人员要主动学习相关标准和规范，提升服务技能和管理能力。

4. 相关行业协会要切实增强凝聚行业共识和加强行业自律的能力，充分发挥在提升旅游住宿业服务质量方面的重要作用。

（三）提升旅行社服务水平

旅行社是整合旅游要素的龙头企业，也是服务质量问题比较集中的领域。要针对旅行社服务不规范、不透明、不诚信等重点问题，不断提高服务水平。

政府行动：

1. 完善旅行社退出机制，依法依规清理一批不缴纳旅行社质量保证金、长期未经营业务和违法违规的旅行社。

2. 全面开展旅行社等级评定及复核行动，进一步提高旅行社管理水平和综合竞争力。

3. 规范旅行社经营活动，推动服务信息透明化，防范旅行社领域系统性经营风险。

4. 探索建立优质旅游服务承诺标识和管理制度，建立完善优质旅游服务品牌培育、评价和推广机制。积极参与“中国品牌日”活动。

市场主体和行业组织行动：

1. 旅行社要完善内部管理、人员培训制度，不断规范服务流程，对照《旅行社等级的划分与评定》标准，全面提高服务水平。

2. 各级旅行社协会要加强旅行社行业自律，通过开展旅游线路创意设计大赛、旅行社服务技能大赛等方式，推动旅行社增强新产品研发能力，提升旅游综合服务技能。

（四）规范在线旅游经营服务

在线旅游经营服务是互联网时代新型的旅游经营和服务方式，也是服务质量提升的关键领域，要切实解决在线旅游经营服务出现的新问题，推动在线旅游行业健康可持续发展。

政府行动：

1. 制定在线旅游经营服务管理相关规定，规范在线旅游企业经营服务行为。

2. 建立符合在线旅游经营服务规律的市场检查制度，依法依规实施监督检查。

3. 会同市场监管、公安、网信、电信主管等部门开展市场监督检查和联合执法，打击违法违规经营行为。

4. 引导和支持在线旅游企业成立行业组织，发挥其沟通、协调、监督和研究等作用，加强行业自律、倡导诚信经营，提升服务质量。

市场主体和行业组织行动：

1. 在线旅游企业应不断完善风险提示、信息披露、资质审核、应急管理等制度，提供良好的在线旅游消费环境。

2. 在线旅游企业应全面排查境内外自助游产品，发现不合格自助游产品立即下架，对涉及高风险的攀岩、冲浪、浮潜等自助游项目，在宣传销售等环节加强安全风险提示。

3. 在线旅游企业和行业组织可制定相关服务标准，充分发挥游客网络评价的监督作用，不断提升服务质量。

（五）提高导游和领队业务能力

导游和领队是旅游服务和形象的重要窗口，是传承和弘扬中华优秀文化和社会主义核心价值观的重要力量，是提升旅游服务质量的关键因素。要下大力气解决导游和领队服务意识不强、专业技能不高、职业素养不足、执业保障不够等问题，不断提高其服务能力。

政府行动：

1. 完善导游人员资格考试和等级考核制度，提升中高级导游员在导游队伍中的比重，增强导游的职业自尊和荣誉感。

2. 实施导游和领队专业素养研培计划。加强国情和执业地区省情、市情、乡情以及旅游区点的历史、人文、地理、气候等应知应会的通识类知识储备，不断提升导游和领队文化底蕴、理解能力、表达能力和外语能力，增强主动传承和弘扬社会主义核心价值观的意识。开展应急培训和演练，增强应急处置、沟通协调和风险防控能力。建立完善校企合作培训机制，充分发挥高校、旅游职业院校、研究机构等师资和设施等优势，建立并巩固一批研培基地，提升研培质量。用五年左右的时间，实现对全国持证导游轮训一遍的目标，有条件的地方可由导游行业组织来承担导游培训任务。

3. 加快推进导游体制机制改革工作。探索建立体现导游专业技能、职业素养、执业贡献、从业年限等综合因素的职业评价制度，促进导游薪酬和社会保险制度落实，依法保障导游合法劳动权益。

4. 举办导游大赛，培育一批职业素养好、服务技能强的先进典型。

市场主体和行业组织行动：

1. 市场主体和导游行业组织应加强对专职和兼职导游人员的管理，完善导游和领队的培训和管理制度，有条件的企业可制定领队执业相关标准。旅游区点可探索聘请专业技术人员特别是退休专家、教师等从事专业讲解工作。

2. 导游等行业组织要维护导游和领队的合法权益，加强对先进人物和典型事迹的宣传推广，表彰一批优秀人员，提升职业荣誉感。

（六）增强旅游市场秩序治理能力

平稳有序的旅游市场秩序是现代治理能力的重要体现，是旅游服务质量提升的重要指标。要不断增强发现旅游市场秩序薄弱环节、解决当前突出矛盾和长期积累矛盾的能力，提升治理水平，推动旅游市场秩序持续向好。

政府行动：

1. 提升发现问题的能力。加强旅游市场秩序舆情监测，及时发现问题、妥善处置、总结经验，并据此完善相关政策和制度。全面梳理本地区旅游市场秩序问题的特点和规律，对具有本地个性特点的问题，出台有针对性的整治措施。对本地旅游市场秩序问题要有研判和预防措施。

2. 按照“谁审批、谁监管，谁主管、谁监管”的原则，强化旅游市场综合监管，对具有共性的“黑社”“黑导”“黑车”和“黑店”等违法违规行为，联合市场监管、公安等部门，加大打击力度。保持对“不合理低价游”、强迫或者变相强迫消费、虚假宣传等高频违法行为的高压态势。

3. 畅通旅游投诉渠道，制定旅游市场“诉转案”工作规范，推进“诉转案”、行政执法与刑事司法相衔接工作，加强有效衔接，实现高效处理。及时公布违法违规典型案例，强化震慑。

4. 加强执法队伍建设，强化法制宣传教育，完善执法培训体系，提高执法办案量，提升执法程序规范化水平，不断增强执法人员的执法办案能力。

5. 创新监管方式，提高监管能力。全面推广使用全国旅游监管服务平台，运用大数据实现精准监管和分类监管。支持和鼓励重点旅游地区先行先试，创新现代旅游治理机制。

市场主体和行业组织行动：

1. 市场主体须自觉遵守《中华人民共和国旅游法》等相关法律法规，增强依法规范经营意识，注重培育和提升企业形象。

2. 旅游协会等行业组织应创新活动形式，通过活动、培训、研讨会、行业评奖等多种形式，大力倡导依法规范经营。

（七）建立完善旅游信用体系

信用是市场的基石，信用制度是旅游服务质量提升的重要保障。要适应旅游市场监管的新形势新需要，以建立“黑名单”和“重点关注名单”制度为突破口，加快建立以信用监管为核心的新型旅游监管制度，不断完善旅游信用体系。

政府行动：

1. 建立“黑名单”制度。出台旅游市场黑名单管理办法，将具有严重违法失信行为的旅游市场主体和从业人员、人民法院认定的失信被执行人列入全国或地方旅游市场黑名单，实施惩戒。

2. 建立“重点关注名单”制度。出台旅游市场重点关注名单管理办法，将具有违法失信行为的旅游市场主体、从业人员列入重点关注名单，实施惩戒。

3. 支持和鼓励社会力量积极参与旅游行业信用建设，推进征信、评信与用信。

市场主体和行业组织行动：

1. 旅游市场主体和从业人员应将诚信作为服务的基本理念和自觉行为，不断提升企业诚信口碑。

2. 行业组织应完善行规行约，组织开展行业诚信建设、质量评议等活动，促进行业规范诚信经营。

三、保障措施

（一）加强组织领导

地方各级文化和旅游行政部门要充分认识旅游服务质量提升工作的重要意义，将旅游服务质量提升工作纳入地方各级政府质量提升工作总体部署，建立旅游服务质量提升的领导机制和协调机制，加强与市场监管、公安、网信、电信主管等部门的合作，明确职责分工。要结合本地实际情况，研究制定具体落实方案，可适当扩展相关内容，突出创新和地方特色。要将任务分解和统筹协调结合起来，分阶段、分步骤组织实施，确保旅游服务质量提升工作取得实效。

（二）加强标准建设

要以标准实施促进质量提升，重点加强旅游新业态和产业融合类旅游服务标准的制定修订工作，对照国际先进标准，修订和完善国内旅游服务标准。加大旅游服务标准的宣传贯彻和培训力度，尤其要对游客宣传旅游标准，使游客了解优质旅游服务应达到的相应水平，增强监督能力，倒逼旅游经营者提升服务质量。要开展旅游标准化试点工作，创新旅游服务标准化管理体制，形成政府、市场主体和行业组织协调配合、共同推进的工作格局。

（三）加强政策保障

要围绕旅游服务质量发展目标，加大对旅游服务质量提升的政策扶持力度，要推动政府部门向社会购买优质旅游服务。要将旅游服务质量教育纳入旅游教育培训体系，引导建立高等院校、科研院所、行业协会和旅游企业共同参与的旅游服务质量教育网络。各地可结合实际，对在旅游服务质量提升方面取得突出成绩的单位和个人给予奖励。

（四）加强效果评估

要加强对旅游服务质量提升计划落实情况的跟踪评估，逐步建立和完善旅游服务质量评价体系，并于 2019 年 11 月底前和 2020 年 11 月底前向文化和旅游部报送本地旅游服务质量提升计划落实情况，提出意见建议。文化和旅游部将对各地落实情况开展第三方评估。

请各地于 2019 年 3 月底前报送具体落实方案。

文化和旅游部

2019 年 1 月 16 日